VIVRE AVEC L'INVISIBLE

DU MÊME AUTEUR

La Mort intime, Robert Laffont, 1995 ; Pocket, 2006.
L'Art de mourir, Robert Laffont, 1997 ; Pocket, 2000.
La Quête du sens, Albin Michel, 2000.
Nous ne nous sommes pas dit au revoir, Robert Laffont, 2001 ; Pocket, 2002.
Le Grand Livre de la tendresse, Albin Michel, 2002.
Le Souci de l'autre, Robert Laffont, 2004 ; Pocket, 2005.
Mourir les yeux ouverts, Albin Michel, 2005 ; Pocket, 2007.
La chaleur du cœur empêche nos corps de rouiller, Robert Laffont, 2008 ; Pocket, 2010.
La Sagesse d'une psychologue, Jean-Claude Béhar éditions, 2009 ; Pocket, 2013 avec le titre *Loin des doctrines, à l'écoute de l'âme*.
Une vie pour se mettre au monde, avec Bertrand Vergely, Carnets Nord, 2010 ; Le Livre de poche, 2011.
Qu'allons-nous faire de vous ? avec Édouard de Hennezel, Carnets Nord, 2011 ; Le Livre de poche, 2013.
Nous voulons tous mourir dans la dignité, Robert Laffont, 2013 ; Pocket, 2015.
J'ai choisi de me battre, j'ai choisi de guérir, avec Claude Pinault, Robert Laffont, 2014.
Sex and Sixty : un avenir pour l'intimité amoureuse, Robert Laffont, 2015.
L'Âge, le Désir et l'Amour, Pocket, 2016.
Croire aux forces de l'esprit, Fayard, 2016 ; Pocket, 2018.
Et si vieillir libérait la tendresse…, avec Philippe Gutton, In Press, 2019.
L'Adieu interdit, Plon, 2020. Pocket, 2021.

MARIE DE HENNEZEL

VIVRE AVEC L'INVISIBLE

Robert Laffont | Versilio

ISBN 978-2-221-25121-8
Dépôt légal : septembre 2021
Éditions Robert Laffont – 92, avenue de France 75013 Paris

À ceux qui sont partis trop tôt
et font désormais partie
de ma « bande d'invisibles » :
Marie-Pierre et Bruno.

Tout parle. Et maintenant,
homme, sais-tu pourquoi
Tout parle ? Écoute bien.
C'est que vents, ondes, flamme
Arbres, roseaux, rochers, tout vit !
Tout est plein d'âmes.

Victor Hugo,
Ce que dit la bouche d'ombre.

Prologue

Dans un entretien qu'il m'avait accordé avant de mourir, Stéphane Hessel avait dit, citant le poète Rainer Maria Rilke : « Nous sommes encadrés d'invisible[1]. » Cette phrase avait de quoi m'intriguer.

J'avais alors entrepris de tenir un journal de mon propre lien avec l'invisible. Puis pris des notes chaque fois qu'un de mes patients ou de mes amis me racontait une histoire témoignant de ce lien.

1. Entretien en 2010, relaté dans Marie de Hennezel, *La Chaleur du cœur empêche nos corps de rouiller*, Paris, Pocket, p. 113-114. Voir aussi la conférence qu'il a donnée au Collegium International où il cite cette phrase de Rilke. Stéphane Hessel *et al.*, *Le monde n'a plus de temps à perdre*. Appel du Collegium International pour une gouvernance mondiale solidaire et responsable avec Mireille Delmas-Marty, Michael W. Doyle, Stéphane Hessel, Bernard Miyet, Edgar Morin, René Passet, Michel Rocard, Peter Sloterdijk. Coordination éditoriale : Sacha Goldman. Les liens qui libèrent, Paris, 2012.

Ma grande surprise a été de découvrir combien nous sommes nombreux à entretenir un rapport naturel avec l'invisible qui nous encadre. Une relation qui prend des formes diverses : rêves, coïncidences mystérieuses, inspirations créatrices, prémonitions, phénomènes de synchronicité[1], perceptions, sensibilité à l'énergie des lieux, sans oublier le dialogue éventuel avec un ange gardien, un guide intérieur, un ancêtre ou une personne décédée dont on sent la présence protectrice. Une affinité qui n'a rien de surnaturel ni d'ésotérique, comme le pensent trop souvent les rationalistes, même si les récits rapportés sont – parfois – stupéfiants.

Je me suis aussi rendu compte, en tant que psychothérapeute, que si mes patients tissaient un fil secret, intime, parfois poétique avec ce monde invisible, ils n'osaient pas, en dehors de la protection de mon cabinet, évoquer leur expérience. Ils doutaient que cette expérience intime soit recevable dans le monde, gouverné par le cartésianisme, qui est le nôtre. Ils craignaient qu'on ne les croie pas, qu'on les prenne pour des illuminés, voire des fous. Bien que souffrant d'un manque de confiance en eux ou d'estime d'eux-mêmes, ils avaient pourtant les

1. Dans la psychologie analytique développée par le psychiatre suisse Carl Gustav Jung, la synchronicité est l'occurrence simultanée d'au moins deux événements qui ne présentent pas de lien de causalité, mais dont l'association prend un sens pour la personne qui les perçoit.

pieds sur terre, travaillaient, assumaient des responsabilités, bref, étaient parfaitement ancrés dans la vie, dans le réel, structurés.

Leurs récits m'ont permis de comprendre que tout ce que nous faisons, découvrons, expérimentons sur cette Terre, dans la joie comme dans la peine, a un sens : nous contribuons à la vie du monde visible et invisible, à son évolution, à l'évolution même de notre être.

Un jour, ceux que nous aimons passent de l'autre côté des choses. Ils quittent leur corps visible pour entrer dans l'invisible. Les proches pleurent, mais, dans leur « jardin secret », la relation aux morts reste vivante. Comme si ces derniers étaient seulement passés de l'autre côté d'un miroir. Alors que j'écoutais mes patients raconter ces instants douloureux, une autre phrase de Rilke m'est venue à l'esprit : « La mort est la face détournée, non éclairée par nous. » Autrement dit, la face invisible de la vie.

Il m'apparaît donc clairement, aujourd'hui comme depuis plusieurs années, que l'être humain a besoin de l'invisible. Qu'il a besoin de créer un lien avec ce monde qui l'enveloppe, à travers les signes qu'il reçoit et décrypte, grâce à ses intuitions, aux demandes d'aide qu'il formule à des présences aimées, passées de l'autre côté, ou à des anges dont il sent la protection.

Cet appel n'implique pas nécessairement une foi religieuse, que beaucoup, de nos jours, ont perdue. Il s'agit en fait d'un sentiment naturel, je dirais même évident, qu'on ne peut compter seulement sur ses propres forces. S'adresser à une image spirituelle symbolique, venue du fond de l'enfance, parent ou grand-parent, ami décédé, dont on sent la présence bénéfique à ses côtés, c'est, aussi, s'ouvrir une voie, une porte, un espoir.

*

La crise du Covid-19 que nous traversons a accentué ce phénomène. Le confinement, en bouleversant le rythme de vie, nous a tous contraints à trouver à l'intérieur de nous-même ce que nous cherchions à l'extérieur.

Il y a ceux que ce voyage obligé vers l'intériorité a angoissés. Les confrontant, pour certains, à une vie familiale ou conjugale problématique, pour d'autres à leur solitude, à la peur de mourir. Et ce ne sont pas les nouvelles quotidiennes, diffusées en boucle, sur la liste des morts et l'incertitude de nos dirigeants quant à l'avenir qui les ont rassurés.

J'ai reçu aussi quantité de témoignages de personnes disant avoir fait un retour sur elles-mêmes, s'être posé des questions essentielles jusque-là mises de côté, et expliquant être sorties, finalement, renforcées de l'expérience.

D'autres, enfin, m'ont confié avoir fait appel à l'*invisible* dans les instants de détresse et avoir tenu le coup grâce à lui.

Cette soudaine propension à oser solliciter le secours d'un *invisible* ne m'a pas vraiment étonnée, tant existe un fond mystique dans l'individu. Tant, dans les périodes de chaos, de tohu-bohu, l'être humain se tourne spontanément vers ceux à qui l'on prête le pouvoir de venir en aide. Même si cet appel n'a aucun fondement rationnel ni scientifique, il n'est pas paranormal, irrationnel, ni pathologique. Que chacun en ait conscience. De fait, cette relation avec l'invisible, je l'ai, moi aussi ! Et j'appelle ceux qui m'aident ma *bande d'invisibles.*

*

Ce sont donc ces histoires, ce lien essentiel, la réflexion qu'elles et il suscitent en moi que j'ai choisi de partager dans ce livre.

Un ouvrage qui invite à un voyage, un cheminement guidé par l'inspiration, autrement dit par... l'invisible.

J'aimerais qu'après l'avoir lu, les gens aient davantage confiance dans leur intuition. Dans leur capacité à créer ce lien et à l'entretenir, s'ils en ont besoin.

J'aimerais qu'ils comprennent qu'ils ne sont pas seuls. Qu'ils partagent cette expérience avec beaucoup d'autres.

C'est pourquoi, dans une époque qui manque tant de poésie et de philosophie, cette période où l'obsession des virus nous angoisse et rabote toute intelligence de vie, j'incite chacun à transmettre aux autres, sans réticence, son propre récit, sa propre expérience de l'invisible.

1

Un piège à éviter

En entamant mon journal de l'invisible il y a déjà une vingtaine d'années, j'ai senti d'emblée qu'il me fallait veiller à ne pas tomber dans un piège : celui d'associer l'invisible au paranormal, à l'irrationnel.

Et un livre m'avait confortée dans cette certitude, celui de mon ami Bernard Martino, *Les Chants de l'invisible*[1], que je venais de lire avec un intérêt soutenu.

Bernard et moi nous étions rencontrés alors que j'entrais comme psychologue dans la première unité de soins palliatifs en France. Son documentaire, *Voyage au bout de la vie* (1987), m'avait bouleversée. J'ai su qu'il avait travaillé ensuite sur un autre sujet sensible, l'irrationnel. Et que la réalisation de ses

1. Bernard Martino, *Les Chants de l'invisible*, Paris, Balland, 1990.

cinq émissions de télévision[1] sur ce thème n'avait pas été sans difficulté. De fait, il retraçait dans son livre l'histoire chaotique de ce documentaire.

Avec une honnêteté intellectuelle qui l'honore, il racontait sa quête d'un producteur et de fonds nécessaires pour réaliser sa série. Un objectif parsemé de déboires et refus : le sujet n'avait pas l'air de plaire. Il était manifestement tabou et même illégitime au regard de l'*intelligentsia* d'alors. À l'époque, le lobby scientifique, omnipotent dans de nombreuses instances de décision et comités de lecture au sein des chaînes, faisait barrage. Pour Bernard, ces réticences et levées de boucliers constituèrent un choc. S'il avait trouvé au début le sujet *casse-gueule*, il n'avait aucunement imaginé « qu'en France, des gens, au nom sans doute de la libre-pensée et de la raison, s'arrogeraient le droit d'empêcher quelqu'un d'aller au bout d'une réflexion, l'empêcheraient de mener à bien un travail d'auteur[2] ». Et c'était finalement grâce à Louis Pauwels, l'auteur[3] du *Matin des magiciens*, qu'il avait enfin pu financer son projet, et se lancer dans son enquête.

1. *Les Chants de l'invisible*, cinq émissions télévisées réalisées par Bernard Martino, produites par Jean-François Lepetit et Véronique Frégosi, avec Flash TV, A2 et *Madame Figaro*, 1990.
2. Martino, *op. cit.*, p. 20.
3. Ce livre a été écrit avec Jacques Bergier, Paris, Gallimard, 1960.

Il était alors entré en contact avec toutes sortes de praticiens de l'invisible. « Je passais allègrement du micro au macro, de l'insaisissable *neutrino* aux mystérieuses propriétés vibratoires de la cellule, du corps *éthérique*[1] aux soucoupes volantes, des vies antérieures à la radiesthésie, de la géobiologie aux tarots, écrit-il. Dans le plus grand désordre, Einstein et Jung, la physique quantique ou le Tao, étaient mis à contribution par des personnes immodestes dont beaucoup visiblement se contentaient de reprendre à leur compte des hypothèses hardies dont elles auraient bien été en peine d'évaluer le degré de crédibilité et, qui plus est, leur arrivaient déformées par le jeu du bouche-à-oreille. Combien de fois ne suis-je pas rentré chez moi épuisé avec l'impression décourageante que ma quête d'irrationnel virait en eau de boudin[2]. »

Malgré tout, explique Bernard dans son livre, il avait l'impression – dérangeante – que ces praticiens de l'irrationnel partageaient une connaissance, certes « obscurcie, noyée dans la gangue des interprétations les plus folles », mais réelle. Tiraillé entre des émotions contraires, ayant l'impression de s'être fourvoyé dans une impasse et de se voir condamné à perdre son temps, il avait décidé de renoncer à tourner en France et de

1. Nom donné au premier corps énergétique censé entourer le corps physique.

2. Martino, *op. cit.*, p. 31.

poursuivre plus sereinement ses recherches à l'étranger.

Dans les pays d'Europe et en Russie, où Bernard Martino était parti enquêter, les phénomènes paranormaux, comme les poltergeist[1], la psychokinèse[2], les voyages hors du corps ou la télépathie étaient légion. S'ils faisaient parfois l'objet d'études scientifiques avec une abondante littérature *objective* fondée sur une somme de rapports et de communications paraissant dans des revues spécialisées[3], principalement aux États-Unis, Bernard avait constaté qu'ailleurs, l'ensemble des chercheurs qu'il rencontrait étaient victimes d'ostracisme. La communauté scientifique les méprisait, excluait, voire persécutait au nom de la raison[4]. Si bien que les chercheurs de l'invisible, précisait-il : « racontent avec beaucoup d'amertume les brimades et vexations diverses qui

1. Poltergeist : manifestations intempestives et soudaines qu'on classait, au XIXe siècle, sous la rubrique « esprits frappeurs » et qui consistent en des déplacements ou bris d'objets inexplicables accompagnés de bruits violents.

2. Faculté métapsychique hypothétique de l'esprit qui permettrait d'agir directement sur la matière, mais qui n'a pas de fondement scientifique.

3. Comme *The Journal of Parapsychology: The Journal of the Society for psychical Research* (USA).

4. Martino, *op. cit.*, p. 285 : « Aux États-Unis, il existe une association de scientifiques surnommés "les psy-cops", les "flics" de la psy, qui semblent s'être juré d'avoir la peau des parapsychologues les plus en vue et qui n'hésitent pas à faire pression sur les recteurs des grandes universités pour que les scientifiques qui proposent un enseignement dans ce domaine se voient retirer leur chaire. »

ont émaillé leur carrière[1] ». L'enquête de Bernard est, aujourd'hui encore, passionnante à lire. On découvre, au fil de son récit, quelques témoignages hallucinants du lien entre l'esprit et la matière, tout en partageant ses doutes sur la véracité de certains pouvoirs spectaculaires avancés, qui s'avèrent souvent relever de la pure prestidigitation. Comme ceux du fameux médium brésilien Thomaz Green Morton[2], qui prétendait, entre autres, pouvoir faire plier des couverts.

En la relisant pour ce livre, je me dis qu'elle conserve une grande actualité. Et que si des mentalités ont évolué – le sujet agite plus les médias qu'à l'époque, par exemple – sur le fond, la perception de la science n'a pas changé. Ce qui me fait penser à François Mitterrand, qui m'avait clairement fait comprendre, un jour où j'échangeais avec lui, que ceux qui cherchent à prouver scientifiquement l'existence de l'invisible font fausse route. Parce qu'ils discréditent, ainsi, le lien intime que chacun peut nouer avec ce qui ne se voit pas, mais se perçoit par l'intuition et le cœur. Le président avait-il raison ? À chacun de juger.

1. *Ibid.*
2. Médium brésilien des années 1980, Thomaz Green Morton affirmait qu'il pouvait plier des couverts et faire germer du parfum de ses mains. Ces « pouvoirs » seraient apparus dans son adolescence après qu'il avait été touché par la foudre. En 2002, sa fraude a été démasquée dans l'émission de télévision brésilienne *Fantástico*.

*

En vérité, la distinction rationnel/irrationnel n'a pas beaucoup de sens pour celui qui fait l'expérience intuitive du lien invisible entre l'être humain et ce qui l'entoure. Les phénomènes paranormaux sont, en fait, éminemment normaux et naturels. La nouvelle physique, la physique quantique, a déjà montré que la matière et l'énergie sont une seule et même énergie, et que la distinction physique/psychique relève de la distinction dépassée.

N'est-ce pas ce qu'affirmait déjà le psychologue américain William Roll[1], que Bernard Martino cite dans son livre : « Plus j'observe les phénomènes psychiques, plus ils me semblent reliés au monde physique… Je ne vois pas le monde comme séparé en deux catégories distinctes. Peut-être cette séparation temporaire a-t-elle eu du bon, car elle a permis à l'esprit humain de sonder, d'explorer la matière librement sans réserve, et donc sans remise en question. C'est pourquoi la science occidentale a été le résultat de la pensée cartésienne. Sans cette séparation, nous n'aurions probablement pas fait ce que nous sommes à présent capables de faire dans le domaine des sciences physiques. Mais à présent,

1. William Roll enseignait la parapsychologie au West Georgia College de Carrollton, Atlanta, Georgia.

nous sommes en train d'assister à la *cicatrisation de la plaie cartésienne.* Et pour moi il est possible de guérir certaines blessures profondes de la psyché humaine et de la relation à notre planète. Autrement dit, de guérir ce sentiment que nous avons que notre environnement, que le monde physique sont d'une essence différente, et que par conséquent nous pouvons en faire ce qui nous plaît, nous pouvons l'asservir à nos objectifs, nous pouvons le polluer ou nous en servir à notre guise, en faire une arme meurtrière. Cette image que nous avons de notre monde physique est une image pathologique[1]. »

La parole de ce grand parapsychologue me semble d'une actualité impressionnante.

Pour ma part – le lecteur l'aura compris –, il ne sera pas question ici de *comprendre* ou d'*expliquer* l'invisible, ni même de le définir, je m'intéresse au lien intime que chacun peut entretenir avec ce monde.

1. Martino, *op. cit.*, p. 150.

2

Nous sommes encadrés d'invisible

Un autre souvenir de Stéphane Hessel[1] me revient. Celui du jour où, rayonnant, plein de vie, il me confie qu'en vieillissant, il a vu grandir sa foi dans *l'invisible*. Assis dans son fauteuil, le regard vif à plus de quatre-vingt-dix ans, il me parle d'un texte admirable de Rainer Maria Rilke qu'il a découvert et vient tout juste de traduire. Une lettre de sept pages où l'écrivain autrichien répond à un ami qui aimerait comprendre *Les Élégies de Duino*[2],

1. Stéphane Hessel, auteur de *Indignez-vous*, est un ancien résistant qui a été déporté durant la Seconde Guerre mondiale. Il a été diplomate à l'ONU, puis membre du Collegium international éthique, scientifique, politique créé par Michel Rocard. À ce titre, il a sillonné le monde pour défendre, au fil des conférences qu'il donnait, ce qu'il appelait « la culture de la paix ».

2. Titre d'un recueil de dix élégies écrites par Rainer Maria Rilke en allemand de 1912 à 1922, publié chez Gallimard.

très beau texte où on lit cette phrase : « Ce que j'ai découvert, c'est que la vie est encadrée par l'invisible, que les anges vivent dans cet invisible. » Un propos qui me frappe comme il l'a touché. L'entendre rapporté par cet homme pas comme les autres eut une étrange résonance en moi.

Stéphane Hessel, ami de longue date de mon ex-mari Christopher Thiery, venait souvent, l'été, dîner avec Christiane, sa femme, dans la petite maison sur les rochers que nous avons à Rivières, dans le Gard. Ces soirées se terminaient toujours par un partage de poèmes ; Stéphane citait par cœur *Le Bateau ivre*, Christopher, lui, récitait du Yeats. C'est dire l'intimité qui nous liait. Le grand diplomate, résistant, écrivain se définissait volontiers comme *un jardinier*, semant des graines de paix pour faire pousser la compréhension, le dialogue, la communication et lutter contre la violence.

À chacun de ses séjours j'ai été frappée par la lumière que dégageait son regard, et qui ne l'a jamais quitté. Un regard qui illustrait à merveille le vers de Victor Hugo, dans *Les Contemplations* : « Mais dans l'œil du vieillard, on voit de la lumière. » Et puis, ce jour-là, j'ai osé lui demander d'où provenaient cette lumière comme sa conviction, puisée dans Rilke, que nous sommes *encadrés d'invisible.*

Stéphane m'a d'abord confié que c'était sa mère, Hélène, qui lui avait communiqué le goût du bonheur, ainsi qu'un regard poétique sur la vie. Enfant, elle lui répétait une de ses phrases favorites : « Faisons vœu d'être heureux ! » Pour elle, le bonheur éprouvé et partagé était ce que chacun peut faire de meilleur, projeter ses souffrances, ses douleurs n'ayant aucun intérêt tant dans les premières années de la vie se forme une psyché qui peut être renforcée et faire grandir la capacité à rayonner. « J'ai eu la chance d'être initié au bonheur et, ensuite, j'ai cultivé celui-ci toute ma vie[1] », m'avait-il affirmé.

Stéphane a par ailleurs toujours eu le sentiment d'avoir de la chance. Quatre fois au moins, la mort l'a frôlé mais il a survécu. Il disait souvent qu'il fallait « au moins une fois dans sa vie croiser la mort ». Et précisait : « C'est une expérience importante. La vie est un bien. On risque de l'oublier, si elle n'a pas été préservée à un moment où on aurait pu la perdre. Cela vaut pour les périodes de guerre, mais aussi de graves maladies. »

Stéphane savait évidemment de quoi il parlait puisqu'après s'être engagé auprès du général de Gaulle, il avait été arrêté en 1944, déporté à Buchenwald, puis à Dora. Où il serait sans doute

1. Interview que l'on peut retrouver dans mon livre : *La Chaleur du cœur…*, *op. cit.*

mort s'il n'avait bénéficié d'une *chance* inouïe. Une nuit, prévenu qu'une évasion se préparait, alors que l'un des participants venait de mourir, on lui a proposé de prendre sa place. Stéphane a donc pu fuir avec d'autres. De quoi mieux comprendre son sentiment de gratitude pour le simple fait d'être vivant.

Sa conviction que nous sommes *encadrés d'invisible*, pour reprendre les termes de Rilke, venait-elle de là, du sentiment d'être protégé par des anges ?

Plus tard, lors d'un autre entretien, Stéphane me confirma se sentir protégé, oui, et précisa que nous l'étions, tous, infiniment plus que nous l'imaginons. C'était la raison pour laquelle il ne craignait pas la mort. Il prononça alors cette phrase étrange : « J'attends la mort comme une *gourmandise*[1]. Je suis curieux de la suite. » Tout en ajoutant aimer trop la vie pour désirer mourir sur-le-champ.

Il poursuivit en expliquant son désir d'aller vers l'achèvement au moment où lui-même ne serait

1. Cette expression, « J'attends la mort comme une gourmandise », est reprise dans *Vivez* (entretiens avec Édouard de Hennezel et Patrice Van Eersel, Paris, Montparnasse/Carnets Nord, 2012) : « Je dis "gourmandise" pour faire chic, parce que c'est joli d'être gourmand de la mort, mais ce n'est évidemment qu'une formulation. Ce que je veux dire, c'est que non seulement je n'ai pas peur, mais qu'effectivement, le moment où on mettra le mot "fin" à ma vie, cela lui aura donné tout son sens, et ce n'est pas si mal que de pouvoir regarder une vie à son terme en se disant "voilà ce que j'ai été". »

pas plus diminué que nécessaire, même si c'est inéluctable de l'être. Parce qu'il aimerait pouvoir se dire, comme certains : « Maintenant, ça y est, ma vie a été merveilleuse. Je la quitte avec d'autant plus de plaisir que j'ai encore du plaisir à vivre et que j'aurai donc du plaisir à mourir, car les deux, pour moi ne font qu'un. Je crois que la mort n'est qu'un passage comme la naissance. Quelque chose en nous se répand largement dans le temps. »

Stéphane a eu la mort qu'il désirait. À l'âge de quatre-vingt-quinze ans, une nuit, il s'est levé, s'est effondré et est décédé sur le coup. Sans souffrir. Sans avoir connu la moindre déchéance[1].

*

À l'instant où j'écris ces pages, une autre expression de Rilke, partagée par Stéphane, me revient : « Nous sommes les abeilles de l'invisible. » Je l'avais d'ailleurs interrogé sur la manière dont il la comprenait. « Ce texte indique que le fait d'être mortel nous autorise à tirer la substance de la vie et à lui donner corps en nous, de sorte qu'elle transperce les frontières de la vie sur terre, avait-il dit.

1. « Si je vais jusqu'à 95, ce sera encore bien, peut-être. Mais si j'allais trop loin et que, justement, cela s'accompagnait d'un manque de capacité de m'exprimer, j'en serais marri et serais plus content que cela s'arrête » (Hessel, *Vivez*, *op. cit.*, p. 43).

Naturellement, la poésie fait partie des éléments qui nous rapprochent des anges. »

*

La lettre de Rilke le touchait profondément. Pour lui, elle résumait à merveille la mission de chacun d'entre nous. « Les hommes sont capables de prendre en main la destinée de l'espèce. Or l'espèce humaine a acquis une dimension immense, au cours du siècle dernier. Elle a une capacité nouvelle à être. Ce qu'elle a découvert sur elle-même depuis Freud et Einstein, cette transformation, implique une responsabilité. L'homme est responsable de l'homme. Il ne peut pas se comporter n'importe comment[1]. »

Or, n'est-ce pas la mission de tous les âgés, de tous les futurs centenaires, de rappeler à ceux qui commencent leur vie, aux générations qui montent, ce qu'ils ont appris à la fois du monde et sur l'homme ? m'avait demandé Stéphane. Et il avait ajouté : « Nous qui avons connu la guerre, savons maintenant que l'espèce humaine est capable de la pire barbarie, mais elle est aussi capable de s'organiser autour de grands principes comme la Déclaration des droits de l'homme et de veiller à les faire respecter. Nous savons aussi que la guerre ne se

1. De Hennezel, *La Chaleur du cœur...*, *op. cit.*

gagne jamais, que la violence n'est pas la solution. Nous savons quelles sont les voies qui mènent à la paix, au développement et à la démocratie : le dialogue, l'écoute, la négociation. Nous savons que si nous ne les empruntons pas, nous courons des risques énormes. »

À l'époque de cet entretien, Stéphane Hessel était invité un peu partout pour témoigner auprès de la jeunesse de ce qu'avaient vécu les déportés, mais surtout de ce que cette expérience leur avait enseigné. Des rencontres, conférences, échanges où il expliquait qu'au-delà du malheur, de l'horreur, il aimerait que les jeunes retiennent que les survivants des camps désiraient transmettre avant tout le goût de la vie, le désir d'être utile, et la confiance dans l'*invisible*.

*

À mon tour, j'aimerais, comme Stéphane, transmettre une forme de confiance dans la vie. Qui englobe celle que nous pouvons accorder à notre intuition, à nos rêves, à notre petite voix intérieure, aux *invisibles* à qui nous nous adressons spontanément lorsque nous avons besoin d'aide, qui nous guident et nous protègent. C'est, en quelque sorte, l'objectif de ce livre.

3

L'intuition comme guide

La plupart des êtres humains font l'expérience d'être guidés par leur intuition. Celle-ci est à la connaissance ce que la canne blanche est à l'aveugle[1] !

Mon amie Alix[2], femme plutôt rationnelle, a les pieds sur terre. Pourtant elle admet que plusieurs fois, alors qu'elle était professionnellement en panne, la vie l'a mise sur des chemins inattendus. Et avec le recul, se rend compte que ces chemins se sont révélés correspondre à « ce que la vie attendait d'elle ».

---

1. Cette expression est attribuée à Jérôme Touzalin, artiste, dramaturge.

2. Alix de Finance a été attachée de presse, elle est aussi conteuse amateure, formée par Jean-Pascal Debailleul.

Lorsqu'elle me raconte son histoire, elle me fait remarquer que, pour autant, cela n'allait pas de soi. Il lui a fallu parfois faire un effort. Comme traverser la France en voiture pour se rendre à un stage ; comme se forcer à se rendre à un concert où un ami l'incitait à aller alors qu'elle n'en avait pas envie. Mais, à chaque fois, elle s'est sentie poussée par *quelque chose*, comme si *on* lui conseillait de ne pas se dérober.

Alix reconnaît que tout s'est enchaîné naturellement pour elle, les rencontres, les propositions d'emploi, mais que, pour cela, il lui a été demandé un engagement, une volonté, autrement dit une adhésion. Ainsi, alors qu'elle n'avait pas envisagé cette profession, elle s'est retrouvée assez facilement attachée de presse du Théâtre national de Strasbourg, puis directrice adjointe du centre d'animation Daviel à Paris.

Elle explique aussi que sa rencontre avec Jean-Pascal Debailleul, créateur de la méthode de thérapie Horaklès, la voie des contes, a été déterminante. Après avoir suivi son enseignement, elle a elle-même animé des groupes et des stages de transformation de soi par les contes.

J'interroge Alix pour savoir si elle a eu l'impression d'avoir une voie tracée ou le sentiment que cette voie s'est construite au fur et à mesure. À son avis, il existe « un grand sens qu'il faut rejoindre ». Pour elle, la vie appelle et demande à chacun de découvrir ses talents et de les faire fructifier, comme il est écrit dans l'Évangile. Et d'ajouter qu'une fois sa voie découverte, on est « aidé ». Alors que, si l'on rame à contre-courant, si l'on s'obstine à faire ce pour quoi on n'est pas fait, des problèmes surviennent.

L'intuition, la petite voix intérieure sont-elles suffisantes pour trouver cette voie et pour prendre les bonnes décisions ? La question, chacun se la pose. Personnellement, je suis d'avis que des médiations sont, parfois, nécessaires. Alix atteste par exemple que le tirage aléatoire d'un conte peut aider une personne à suivre son intuition profonde, le conte étant un « miroir de notre vie[1] ».

Quand on se trouve dans une situation catastrophique – comme c'est le cas dans les contes –, il faut qu'un héros se révèle. Ce héros est évidemment en nous. Il doit écouter, être attentif aux messages donnés par la vie. Dans les histoires d'antan, ces messages sont souvent délivrés, révélés par un animal, le renard par exemple, ou une vieille femme. Le héros reçoit alors les outils magiques qui vont lui permettre de sortir du désastre, de la dépression.

1. L'expression est de Jean-Pascal Debailleul.

« C'est ce qui s'est passé pour moi. Dans les deux exemples que je t'ai racontés, me confirme Alix, ma petite voix intérieure m'a dit : "Vas-y" et je l'ai suivie. »

Comme j'aimerais qu'elle me parle un peu du fameux tirage aléatoire des contes, Alix m'explique. Elle utilise le livre d'Henri Gougaud[1], *Le Livre des chemins*[2], dans lequel il a inventé le concept d'ouvrage de contes divinatoires. Il a rassemblé 123 contes initiatiques du monde entier, poétiques, drôles, profonds, toujours bienfaisants, qui ont chacun quelque chose d'important à dire sur la vie et les différents aspects de l'existence. Trois signets en forme d'arbre de vie permettent au lecteur de devenir *pêcheur de merveilles.* Le lecteur pose une question qui le préoccupe, puis jette au hasard l'un des trois signets dans l'ouvrage afin de découvrir l'un des contes. Dont la lecture résonne souvent incroyablement.

Comme je suis curieuse d'en savoir plus, Alix me donne un exemple et me raconte l'histoire d'une parente. Celle-ci se trouvait en conflit avec son compagnon au sujet de l'aménagement d'une

1. Henri Gougaud est écrivain, auteur de chansons, homme de radio, poète, chanteur français, mais aussi occitan, pionnier du renouveau des contes.
2. Henri Gougaud, *Le Livre des chemins*, Paris, Albin Michel, 2009.

maison qu'ils venaient d'acquérir. Il changeait constamment d'avis, influencé par ses enfants qui s'étaient mêlés de donner leur opinion. Alix proposa à la jeune femme de tirer un conte et elle tomba sur une histoire intitulée *Le Dernier Mot*. Au texte clair : « Va jusqu'au bout, ne cède pas, n'accepte pas quelque chose qui ne te convient pas, pour céder aux caprices de deux adolescents. Aie le dernier mot. » Le lien était on ne peut plus direct.

*

Certaines personnes vérifient leur intuition en puisant dans un conte, en tirant une carte, ou encore en s'adonnant au tarot ou au Yi King[1]. D'autres disent être simplement guidés par leur *voix intérieure*. C'est ce que m'explique Brigitte, l'une de mes patientes, âgée de trente-deux ans.

Pour elle, l'invisible est la petite voix qu'elle entend en elle-même et qui la guide. Une *petite voix* qu'elle sollicite quand elle est perplexe devant une décision à prendre, doute ou se sent mal à l'aise face à quelqu'un. « Je descends en moi et je lui dis : qu'en penses-tu ? » Puis elle réfléchit et passe à autre chose. Elle se met au travail, cuisine, s'occupe de ses enfants, fait du rangement, des courses, bref,

1. Le *Yi King*, ou *Livre des transformations*, est un traité divinatoire chinois datant du Ier millénaire av. J.-C.

la vie continue, mais dès qu'elle a un moment, elle se pose. « Alors je ferme les yeux, et j'écoute à l'intérieur de moi. Presque toujours, ma petite voix me répond. »

Quand je lui demande si elle entend littéralement cette petite voix intérieure, *avec ses oreilles,* elle éclate de rire : « Non je n'entends pas des voix ! » Elle confie qu'elle se parle en pensée, qu'elle sait très bien que cela ne vient pas du conscient, mais de l'inconscient. « D'une partie de moi très profonde, qui me veut du bien », ajoute-t-elle. Souvent, sa voix intérieure l'encourage *: Tu vas y arriver ! N'aie pas peur ! Ce n'est pas grave !*

*

En écoutant Brigitte, je repense à l'étude de Russell Hurlburt, un chercheur américain des années 1970, que j'ai lue il y a longtemps et qui montre que la plupart des gens se parlent à eux-mêmes. Dans des proportions qui varient beaucoup d'un individu à l'autre, certes, mais qui relève du phénomène quasi universel.

C'est en effet quelque chose que nous faisons presque tous sans vraiment l'avouer : parler tout seul, en nous adressant à un interlocuteur imaginaire ou à nous-mêmes. Cela va du monologue continu au dialogue délibératif, en passant par des exclamations du type : *Que je suis bête !*

Intriguée, je poursuis ma recherche et me procure le livre du psychologue et anthropologue Victor Rosenthal, *Quelqu'un à qui parler. Une histoire de la voix intérieure*[1].

Ce chercheur à l'institut Marcel-Mauss[2], qui a mon âge, s'intéresse à la voix intérieure, à cette « parole qui accompagne la vie », au dialogue intime avec soi-même. « Cette intériorité bavarde », écrit-il, n'a rien à voir avec une pathologie schizophrénique. Elle marque la capacité à se mettre en retrait du monde, à prendre du recul, à se « libérer de l'asservissement de l'actualité[3] » en nous permettant de constituer un soi autonome face à des événements qui nous échappent. Bref, la *voix intérieure* témoigne d'une intériorité psychique.

De ce phénomène étrangement peu commenté, Victor Rosenthal fait la matière de notre vie intérieure, de notre psyché : « La cohabitation d'instances non identiques qui forment la personne est, largement, une cohabitation de voix[4] », indique-t-il. Les Grecs de l'Antiquité la matérialisaient sous la forme du *daemon*, nommant *epilegein* la pratique de ce colloque muet sur tout ce qui advient.

1. Victor Rosenthal, *Quelqu'un à qui parler. Une histoire de la voix intérieure*, Paris, PUF, 2019.
2. EHESS-CNRS.
3. Rosenthal, *op. cit.*
4. *Ibid.*

« L'idée même d'une intériorité psychique est en effet tributaire de la possibilité de s'entretenir à tout instant avec soi-même. Nul besoin de faire appel à une substance métaphysique (âme, esprit, psychisme) pour jouir d'une vie intérieure ; en me parlant, j'entretiens une relation sociale avec moi-même, je deviens deux-en-un et je dois vivre sous la pression de l'autre voix. Et les paroles échangées ne sont pas seulement des mots, elles enveloppent visée, ruse, posture sociale, formes et figures de style, dans le manteau *sonore de la voix.* À la fois l'agent du collectif et le vecteur de l'individuel, singulier reflet de l'intime de l'être social, la voix intérieure incarne autant qu'elle accompagne[1]. »

Selon Victor Rosenthal, la voix intérieure apparaît spontanément chez l'enfant, et devient pour lui « comme un atelier intime », dans lequel il va exercer son imagination, son langage, sa capacité à se projeter dans l'avenir. Les compagnons imaginaires des petits témoignent des premiers développements de cette « pensée vocalisée » qui a tendance ensuite à devenir muette. C'est dans cet atelier intime, où l'enfant se parle, entend d'autres voix, que se construit la personne morale responsable de ses actes qu'il va devenir.

Ce qui m'intéresse, c'est qu'il dit clairement qu'avec ce concept d'intériorité psychique, nul

1. *Ibid.*

besoin de faire appel au concept d'âme, sans doute trop religieux, alors qu'au fond il s'agit bien de la même chose.

Peu de temps après, je discute avec l'un de mes amis écrivains, lui raconte ma conversation avec Brigitte ainsi que ma lecture du livre de Victor Rosenthal et lui demande s'il a, lui aussi, une *petite voix intérieure.* À ma grande surprise, il éclate de rire. « Mais bien sûr ! Lorsque j'écris, elle me parle et je transcris exactement ce que "j'entends" ! » Je souris alors, confortée dans mon sentiment.

*

Je me suis souvent demandé s'il y avait une prédisposition à entendre sa voix intérieure. Et voilà que Fabrice Midal m'offre son livre *Suis-je hypersensible*[1] *?* En le lisant, j'obtiens la réponse.

La thèse du philosophe est que l'hypersensibilité est un don, et non une tare, comme beaucoup trop de gens le pensent. Une chance, qu'il faut travailler, exploiter, faire fructifier. L'hypersensibilité ouvre l'intuition, rend créatif, permet de sentir « ce que les autres n'écoutent pas, ne voient pas, ne sentent

1. Fabrice Midal, *Suis-je hypersensible ? Enquête sur un pouvoir méconnu*, Paris, Flammarion/Versilio, 2021. Fabrice Midal, philosophe, enseigne par ailleurs la méditation et il est le fondateur de l'École occidentale de méditation.

pas[1] » : les vibrations, l'énergie des lieux, ce que dégagent les êtres humains. Des facultés longtemps condamnées par la science.

Le chapitre qu'il consacre aux Jivaros Achuar[2], un peuple qui vit à la frontière de l'Équateur et du Pérou, illustre les capacités inouïes d'êtres humains ayant une vision du monde non dualiste, vision qui ne sépare pas « humains et non-humains, nature et culture, corps et esprit, considérant que tout peut communiquer avec tout[3] ».

Les Achuars, explique Fabrice Midal, « savent détecter les *liens invisibles*, mais réels, entre les éléments, parler à ces éléments et entendre ce qu'ils disent, habiter le monde avec leur instinct comme un animal, porter sur toute situation un regard à 360°, c'est-à-dire ouvert, libre, flexible, mouvant, innovant. Ils sont des frontaliers… Ils savent encore s'étonner, s'inquiéter, écouter ce que leur disent leurs sensations, même quand elles semblent étranges[4]. »

Nous sommes fascinés, précise le philosophe, par ces peuples qui osent « abattre les murs artificiels que nous dressons entre les émotions, les sens, les perceptions[5] ».

1. *Ibid.*, p. 94.
2. Fabrice Midal fait référence aux livres de Philippe Descola, anthropologue, qui s'est installé en 1970 dans cette tribu. *Ibid.*, p. 137.
3. *Ibid.*
4. *Ibid.*
5. *Ibid.*

Conséquence, l'hypersensibilité est « l'intuition fondamentale de l'existence de liens entre nous et ce qui nous entoure, des liens qui n'entrent dans aucun schéma et sur lesquels il est difficile de mettre des mots, mais qui n'en sont pas moins réels[1] ». Des liens qui sont invisibles.

Léonard, mon petit-fils âgé de douze ans, est un hypersensible créatif. Il attire un jour mon attention sur l'un de ses héros préférés, Spider-Man[2]. Fort, agile, l'homme-araignée est doué d'une sorte de sixième sens, *le sens de l'araignée*, qui lui permet de sentir à distance les menaces qui se profilent. Il a des antennes surdéveloppées. Précisément celles qu'ont les hypersensibles.

En lisant l'ouvrage de Fabrice Midal, j'ai découvert qu'il mentionnait ce super-héros si étrange comme faisant partie de la lignée des grandes figures mythologiques (Odin, Tyr, Obélix, Nicky Larson), ces « héros porteurs d'un handicap qui favorise leurs exploits et les amène à vaincre là où les autres ont échoué[3] ». Et d'évoquer une « mutilation qualifiante, une faiblesse ou une infirmité de laquelle découlent des pouvoirs immenses : elle rend littéralement surhumain[4] ».

1. *Ibid.*
2. Spider-Man, personnage de bande dessinée créé dans les années 1960 par Stan Lee et Steve Ditko. Super-héros, il a acquis des pouvoirs extraordinaires après avoir été mordu par une araignée radioactive.
3. Midal, *op. cit.*
4. *Ibid.*

Chacun à sa manière, poursuit-il, « incarne une fragilité et, entre humour et fantaisie, te montre comment t'épanouir, non pas malgré ta sensibilité extrême, mais avec elle[1] ».

Je pense qu'il est grand temps que l'hypersensibilité – cette capacité à ressentir avec une finesse particulière tout ce qui se passe, en soi, autour de soi, dans le lien avec l'autre – soit reconnue comme une force, que le sixième sens qu'ont les hypersensibles, ce *sens de l'araignée*, soit salué comme une des qualités dont nous avons besoin pour agir, créer, avancer, nous protéger et protéger les autres.

1. *Ibid.*

4

Le monde de l'enfance

Avant d'aller plus loin dans cette promenade au cœur du monde de l'invisible, arrêtons-nous et interrogeons-nous sur celui qui semble tellement à l'aise dans un tel univers : l'enfant.

Jusqu'à l'âge de sept ans, l'âge dit de raison, j'avais un lien quasi permanent avec l'invisible.

Ma famille entretenait une relation naturelle avec les anges et les saints, avec la Vierge Marie, mais aussi avec nos morts. Comme ceux qui étaient tombés dans les tranchées durant la Première Guerre mondiale. Ou cet oncle engagé auprès du général de Gaulle, décédé à vingt-cinq ans à bord du bombardier qui venait de détruire des usines d'armement dans la Ruhr, et qui, ayant pris du plomb dans l'aile, s'était écrasé sur les collines du sud de l'Angleterre.

Ma promenade quotidienne, l'été en fin de journée, avait pour but… le cimetière. Main dans la main avec ma grand-mère maternelle, toutes deux nous allions arroser les géraniums sur la tombe de nos disparus. Je sais donc que de cette enfance-là viennent ma familiarité avec la question de la mort, ma conscience de l'impermanence de toute chose, ainsi que le sentiment, profondément enraciné, d'être portée par quelque chose de plus grand que moi. Des sentiments qui n'ont cessé de m'accompagner depuis. Celui de la précarité de la vie et celui d'être habitée par une force intérieure, dont je sentais que rien ni personne ne pourrait l'empêcher de me porter, se sont alors ancrés en moi. Une force décrite par Lou Andreas-Salomé comme « quelque chose qui est en nous, qui brûle du feu de la vie, qui exulte et cherche à s'échapper[1] ».

Je compris que la vie était précieuse, mais fragile, que quelque chose allait guider mon existence, que, sur ce chemin, je serais accompagnée et protégée par ceux que je pris plus tard l'habitude de nommer *ma bande d'invisibles*, pour reprendre l'expression de Stéphane Hessel, qui convenait parfaitement au sentiment d'être *encadrée d'invisible.*

1. Marie de Hennezel, *Loin des doctrines, à l'écoute de l'âme*, Paris, Pocket, 2009, p. 12.

*

Puis l'âge de raison est arrivé et, avec lui, la déception. Ma relation naturelle à l'invisible a été mise à mal le jour de ma première communion. Brutalement, dans la chapelle de la Vierge de la cathédrale de Bourges, derrière le chœur où les vitraux bleus sont d'une beauté incomparable !

J'étais assise au premier rang, pénétrée d'une attente quasi mystique, celle de recevoir le *corps du Christ*. Et j'espérais évidemment ressentir quelque chose, une présence à l'intérieur, peut-être. Or rien ne s'est produit.

Profondément déçue, je me suis effondrée en larmes en rentrant à la maison. Ce chagrin, témoignage de mon désir d'enfant d'éprouver dans mon corps la *présence divine*, a creusé un manque, que la psychanalyste que je suis devenue bien plus tard a repéré comme étant à la racine du désir d'invisible qui me taraude.

De cette déception fondatrice est née la quête spirituelle qui a été et reste la mienne. Il m'a fallu attendre d'être adulte, épouse, mère, entreprendre une analyse jungienne pour tenter de mieux me comprendre, afin de retrouver un accès à l'invisible.

*

Pour en avoir souvent parlé avec mon amie Sevim Riedinger, analyste d'inspiration jungienne, psychothérapeute pour enfants, je sais que ceux-ci ont une relation naturelle avec l'invisible. « C'est même une constante dans leur fonctionnement psychique, explique-t-elle. Ils sont encore très proches d'un savoir inconscient sur le réel, un savoir holistique pourrait-on dire, où le visible et l'invisible s'entremêlent. La raison n'a pas encore fait ses ravages[1]. »

Notre consœur Marie-Laure Colonna affirme la même chose : « Cette conscience intuitive, unitive, les enfants y baignent naturellement avant la construction de leur Moi[2]. »

Sevim Riedinger reçoit des enfants de tous milieux socioculturels, dont beaucoup sont issus de familles agnostiques ou athées. « Ils grandissent dans un monde angoissé qui s'appuie sur la raison et qui ne croit qu'à ce qu'il voit ou touche », dit-elle. Et pourtant, dans l'intimité de son cabinet de thérapeute, les enfants expriment leur besoin, presque poétique, de « se sentir reliés à un monde qui les dépasse, et reste nimbé de mystère[3] ».

Mon amie thérapeute observe avec attention cet univers secret dans lequel l'enfant voit des choses

1. Sevim Riedinger, *Le Sacré et l'Enfant*, préface de Marie de Hennezel, Paris, Pocket, 2019.

2. Marie-Laure Colonna, *Réenchanter l'Occident*, Paris, Entrelacs, 2019, p. 180.

3. *Ibid.*, p. 10.

que les adultes ne voient pas, entend des voix que les adultes n'entendent pas, un monde qui lui permet de sortir de la solitude extrême dans laquelle il se sent, puisque les « grands » ne peuvent comprendre. Elle l'aide à exprimer ce qu'il appelle souvent *son savoir du dedans.*

Un jour où nous évoquions son travail, elle me déclara qu'elle considérait que « ce petit être fragile, terriblement dépendant, mais si présent à ce qui est, incarnait le passage de l'invisible au visible[1] ».

La phrase résonna en moi. Et il m'apparut que presque toutes les traditions soulignent ce statut particulier du nouveau-né, qui détiendrait le secret de la connaissance mais, très vite, le perdrait. Si bien que tout le sens, sans doute, de l'aventure humaine consisterait à retrouver cette connaissance perdue. Ainsi, me rappela-t-elle, la tradition hébraïque raconte que lorsque l'enfant vient au monde, « un ange se penche au-dessus de son berceau et, avec l'index pointé sur les lèvres, lui tient à peu près ce discours : *Chut, ne révèle pas le secret que tu portes au fond de toi.* C'est ce qui explique la petite dépression que nous portons tous au-dessus des lèvres, signe du passage de l'ange[2]. »

1. *Ibid.*, p. 11.
2. *Ibid.*, p. 34.

Ce *savoir du dedans*, l'enfant le recouvre vite d'une cloche. À sept ans, il a déjà intégré que, pour s'adapter à notre monde si rationnel, pour être considéré comme *normal*, il faut se couper de lui ou, du moins, le garder secrètement pour soi.

C'est pourquoi cette thérapeute de génie plaide pour que le droit à la rêverie et à l'ennui ait sa place dans la journée d'un enfant. Car c'est en rêvassant qu'il construit secrètement son monde intérieur, son imaginaire, sa créativité.

*

Il m'apparaît donc clairement que le lien à l'invisible s'enracine dans la petite enfance, et qu'il fait partie du *savoir du dedans* secret que chacun porte en soi.

Lou Andreas-Salomé[1] s'est opposée à Freud sur cet état originaire, ce secret de la connaissance, qui *nous accompagne secrètement tout au long de notre vie*. Qui est, dit-elle, imprimé en nous, terreau dans lequel va puiser la création artistique, la vie amoureuse, l'expérience mystique. Selon elle, « visible et invisible sont intimement liés dans cet état originaire que nous avons connu, au début de notre

1. « Elle, toujours en train de prôner, de réaliser, même en théorie, l'idée de l'unité à retrouver – retrouvée », disait Marie Moscovici dans sa préface à *L'Amour du narcissisme*, Paris, Gallimard, 1980.

vie, dans le giron de notre mère, puis que nous frôlons parfois dans nos expériences de communion. L'enfant le sait. L'artiste le sent. Le mystique la recherche[1]. »

1. Andreas-Salomé, *op. cit.*

5

Mystérieuses coïncidences

Comme bien d'autres personnes sensibles aux coïncidences mystérieuses, je tiens, depuis des années, un petit carnet dans lequel je relate mes synchronicités.

La première que j'aimerais partager survient lors d'un voyage en Égypte.

Je suis dans ce pays, dont François Mitterrand m'a beaucoup parlé, et où j'étais allée écrire, il y a cinq ans, une partie de mon livre *Croire aux forces de l'esprit*. Cette fois-ci, j'accompagne un groupe en tant que conférencière[1].

Nous descendons le Nil en felouque, de Louxor jusqu'à Assouan. Arrivée à destination, je décide de

1. Ce voyage de Louxor à Assouan a eu lieu en mars 2019. Il était organisé par Voyages Intérieurs.

déjeuner au Old Cataract Aswan, l'hôtel mythique où le président était venu passer son dernier Noël. Je m'installe dehors, à une table qui se trouve sous la terrasse de la suite qu'occupait l'ancien chef de l'État. Je pense à lui en regardant l'île Éléphantine qui symbolisait, à ses yeux, une sorte d'éternité. L'air est empreint d'une douceur et d'une paix incroyables. Tout en déjeunant, seule, je poursuis une sorte de conversation intérieure avec le défunt, comme s'il se trouvait assis en face de moi. Mon portable vibre, mais je l'ignore, car ce moment unique, je tiens à le savourer.

En quittant l'hôtel, je découvre que j'ai reçu un nouveau message. De Gilbert Mitterrand, que je ne connais pas et qui ne m'a jamais contactée jusqu'alors. Il m'invite, le 5 septembre suivant, aux Rencontres de Latché ; il tient à ce que je sois présente à cet événement consacré au Progrès, moment où il aimerait que je m'exprime sur le déni de la mort. Recevoir ce message du fils de l'ancien président au moment même où je pensais à son père, qui plus est en un lieu que celui-ci aimait tant et où il méditait sur sa finitude, me semble un exemple impressionnant de synchronicité.

*

Une autre histoire me vient à ce propos, que j'ai partagée avec Sevim Riedinger à un moment de la pandémie.

Toutes deux, nous avons en commun un couple d'amis très éprouvé par le Covid. Claude, âgé de quatre-vingts ans, contaminé en octobre 2020, contracte une forme grave du virus. Bientôt, il est hospitalisé en réanimation dans une clinique parisienne, couché sur le ventre, intubé, en coma artificiel.

Nous n'apprenons qu'au bout de deux mois son état. Comme je crois à la solidarité par la prière, je le confie à ma *bande d'invisibles*. Sevim me raconte que, de son côté, une force intérieure l'a poussée à aller voir le petit olivier en pot que le couple lui avait offert l'année précédente, qu'elle s'apprêtait pourtant à jeter car il lui semblait mort. Or, ô surprise, l'arbrisseau moribond s'était remis à faire des feuilles ! Ce qui la sidère puisque nous sommes en plein hiver. Elle se demande si l'invisible ne lui envoie pas un signe. Et si l'ami Claude ne va pas revenir à la vie bien que les nouvelles de son état soient inquiétantes !

De mon côté, je téléphone à la femme de Claude et m'étonne que la clinique lui interdise la moindre rencontre. Le président Emmanuel Macron s'étant engagé à ce que les visites aux grands malades et aux mourants restent autorisées, je la pousse à faire valoir ses droits : « Te rends-tu compte des reproches que tu te ferais si ton mari mourait sans que tu aies tout tenté pour le voir ? »

L'argument a dû faire mouche, car le médecin responsable de la réanimation accepte peu après sa venue. Et je ne suis pas surprise d'apprendre, quelques jours plus tard, que Claude commence à revenir à la vie. Car même dans un coma artificiel, les patients sentent – et entendent surtout – la qualité affective de ce que leur murmure un proche.

Notre ami va de mieux en mieux, même s'il reste très faible. À l'heure où je termine ce livre, il a même écrit à tous ses proches pour les remercier de leur aide invisible. L'olivier, lui, continue à donner de nouvelles pousses.

*

De telles coïncidences arrivent donc souvent. Un autre exemple l'atteste.

Le 12 janvier 2020, date anniversaire de la disparition de mon père, mon frère François m'a fait part d'une expérience troublante. Ce jour-là, il sortait de l'église Saint-Paul-Saint-Louis, où avaient eu lieu les obsèques paternelles quarante ans plus tôt, quand le ciel surchargé de nuages noirs depuis le début de la matinée s'est ouvert brusquement afin de laisser passer un rayon de soleil. Un phénomène inattendu vu et saisi par quantité de gens, une photo du dôme des Invalides étincelant sur fond de ciel menaçant ayant même fait le tour des réseaux sociaux.

Mieux encore : mon frère, devant l'église, voit passer une série de vieilles voitures de collection. Une Citroën 15CV noire arrive alors à son niveau et le passager, un inconnu, baisse la vitre et lui fait un signe de la main. Or mon père possédait une Traction identique avec laquelle nous partions en vacances, dans notre enfance.

Comment ne pas imaginer qu'il a adressé un signe en cette date si particulière ?

*

Alors que j'écris ce chapitre, une amie m'offre le livre de Denis Grozdanovitch : *La Puissance discrète du hasard*[1].

Les histoires évoquées font écho aux miennes et à celles que racontent mes patients. J'aimerais en citer une, elle aussi liée au décès d'un proche, Pierre, peintre-poète breton, maître de Kendo et grand coureur de bord de mer.

L'auteur et ses amis sont au columbarium du Père-Lachaise, un peu désemparés par l'absence de cérémonie qui a accompagné la crémation du corps de leur vieux camarade. Aussi, l'un d'entre eux propose d'aller boire un verre à sa mémoire. Le petit groupe, « abasourdi par cette abrupte disparition », quitte le cimetière, chacun évoquant ses

1. Paris, Denoël, 2013.

souvenirs du défunt, dont ils apprennent incidemment qu'il était très intéressé par les liens entre l'esprit et le corps. Les uns après les autres, ils entrent dans le premier café venu et, à l'évocation des faits et gestes de Pierre, une certaine gaieté mélancolique s'installe.

Voici le récit qu'en fait Denis Grozdanovitch : « Soudain, la fille de Pierre qui me faisait face ouvrit de grands yeux et, la bouche ouverte de surprise, désigna l'immense photo qui tenait lieu de papier peint à la salle du bistrot. Nous nous tournâmes tous vers ce qu'elle désignait ainsi pour découvrir la côte bretonne hérissée de rochers surmontés par un antique calvaire de granit rongé par le vent et le sel. La fille de notre ami s'exclama alors : "Mais c'est exactement l'endroit où Pierre allait courir, je reconnais le calvaire avec son inscription et la petite cabane là-bas[1] !" » La légende de la photo confirme qu'il s'agissait du lieu qu'affectionnait Pierre.

*

On le voit, ces genres de coïncidences sont légion. J'en reçois constamment témoignage et je suis persuadée que chacun pourrait en livrer maints exemples. Pour autant, certains ne sont-ils pas plus

1. Grozdanovitch, *op. cit.*

sensibles aux signes du lien invisible que d'autres ? La télépathie en ferait-elle partie ? Je m'interroge.

Qui n'a pas fait l'expérience de penser à une personne qu'il n'a pas vue depuis longtemps, et qui, à la minute même, reçoit un coup de fil ou un mail de celle-ci ? Cette synchronicité, je l'ai d'ailleurs vécue il y a peu. Alors que je réfléchis à écrire un livre sur la solitude, un ami qui passe quelques jours chez moi, dans le Gard, à qui je n'ai rien dit, bien sûr, m'offre l'ouvrage d'André Comte-Sponville : *L'Amour et la Solitude*. Un petit clin d'œil du hasard ? Une manifestation de la télépathie discrète qui relie ceux qui s'aiment ?

Faut-il un autre exemple ? Il y a quelques années, je me trouvais seule dans ma maison perchée sur un rocher. Alors que la nuit commençait à tomber, une voiture a monté le chemin. Celle de l'apiculteur de Rochegude, le village voisin, passé quelques semaines plus tôt prendre un essaim d'abeilles que j'avais découvert dans l'encoignure d'une fenêtre. Qu'il vienne m'apporter le miel fabriqué par *mes abeilles* n'était pas étonnant en soi. Mais qu'il le fasse le soir de mon anniversaire alors que j'éprouvais la tristesse d'être solitaire en ce moment-là relève à tout le moins d'une sorte de transmission de pensée. Ou de synchronicité.

*

Les histoires de ce genre, bien des personnes m'en ont rapporté, vous l'avez compris. Voici celle de Marie-Caroline Sey, qui m'a envoyé un jour le livre de sa mère, Marie Sey, atteinte de la maladie de Charcot, initialement paru en autoédition sous le titre *Le Malaise d'Hippocrate* et ensuite édité sous celui de *Vivre jusqu'à en mourir*[1]. Un livre dont la couverture reproduit *Le Cri* d'Edvard Munch, selon la volonté de Marie Sey elle-même.

Que veut mon amie ? Me raconter une synchronicité étonnante. En avril 2016, profitant d'un déplacement professionnel aux États-Unis, elle rend visite, l'espace d'une journée, à une cousine de New York habitant l'Upper East Side. Heureuses de se retrouver, elles partent se promener et faire du lèche-vitrine. Alors que sa cousine se dirige d'un pas décidé vers la 8e Avenue, dans le West Side, elle change soudain d'avis et tourne en direction de Central Park. Pourquoi ? Marie-Caroline l'ignore. Une impulsion, un lien invisible avec la pensée de sa parente ? Toujours est-il que, alors qu'elles sont presque arrivées au parc, une file d'attente, devant une belle maison, attire leur attention. Il s'agit de la Neue Galerie, le musée d'art autrichien. Marie-Caroline s'approche et découvre, stupéfaite : « Exposition temporaire du tableau *Le Cri* d'Edvard

1. Marie Sey, *Vivre jusqu'à en mourir. Mon combat de femme dans la tourmente de la maladie de Charcot*, préfacé par Axel Kahn, Paris, Eyrolles, 2019, prix HandiLivres.

Munch ». Elle raconte alors à sa cousine l'histoire, le choix qu'a fait sa mère de ce tableau particulier pour illustrer son ouvrage, à la publication prévue la semaine suivante... « Ma cousine lève les yeux et le doigt vers le ciel et dit ce que je pensais tout bas : "*This woman is sending us a sign!*" »

Un récit, obtenu à la suite d'un appel à témoignages relatif aux liens avec l'invisible lancé sur les réseaux sociaux, a attiré mon attention.

Sabine, médecin de quarante-quatre ans, a tenu à préciser qu'elle avait un parcours scientifique très cartésien et qu'issue d'une famille ouvrière agnostique mais ouverte d'esprit, elle n'a aucune croyance religieuse particulière. Pour autant, un événement presque mystique, à tout le moins inhabituel, l'a marquée. En 1992, alors qu'elle prépare son concours de médecine, son grand-père meurt. Elle continue ses révisions « la tête dans le guidon », écrit-elle, et cela l'aide à surmonter son chagrin. Puis surviennent des phénomènes étranges, comme des objets qui tombent sans raison, des coups frappés à la porte alors qu'il n'y a personne derrière. Elle se demande si des hallucinations auditives l'assaillent. Puis, si ce n'est pas son grand-père qui cherche à communiquer. Dès cet instant les chutes cessent. Comme pour dire : « C'est bon, vous êtes au courant, plus besoin de dépenser de l'énergie pour vous faire comprendre. »

Le matin de son concours, Sabine ouvre – au hasard – une page de son cours d'anatomie. La relit avant de partir, comme elle dit, « affronter son destin ». Quelle ne fut pas sa surprise en découvrant que le sujet demandé en cette discipline portait précisément sur ce qu'elle venait de réviser. Comme une confirmation de son pressenti. « Merci Papi » fut sa réaction spontanée. « Ce qui est devenu certain pour moi, c'est que l'on est aidé et aimé quoi qu'on fasse », conclut-elle.

Delphine, de son côté, me rapporte le jour où, alors qu'elle cherche à faire une série d'enregistrements de musique pour l'anniversaire surprise de son mari, une « main » se pose sur la sienne pour prendre le contrôle de la souris de l'ordinateur. Lequel se bloque sur un seul morceau : *Et les mistrals gagnants*, de Renaud, que son époux avait lui-même choisi pour rendre hommage à son père, lors de son enterrement, un an auparavant !

Sylvie, une infirmière psychiatrique, m'écrit quant à elle pour me faire partager une synchronicité survenue il y a cinq ans. Sa nièce, âgée de quarante-trois ans, décède d'un cancer du sein. Le fils de Sylvie, très proche de sa cousine, ne peut malheureusement assister aux obsèques, durant lesquelles le frère de la défunte lit un passage du livre

Le Château de ma mère, où Marcel Pagnol rend hommage à sa maman.

Tard dans la soirée, le fils de Sylvie lui envoie un SMS. Contenant le même extrait de l'ouvrage de Pagnol accompagné d'un message disant : « Voilà le texte que j'aurais lu si j'avais pu me rendre à la cérémonie. » Le jeune homme n'avait pas eu connaissance du fait que ces lignes avaient été choisies par son oncle. « Cela reste un mystère, et j'y vois les forces de l'esprit et de l'invisible en action, commente Sylvie. Cela reste, pour nous, une jolie histoire pleine d'amour. » Je ne peux mieux dire.

Fabienne me contacte après avoir lu *La Mort intime*, livre dont elle dit qu'il lui a « ouvert le cœur ». Si elle répond à mon appel ce jour-là, c'est pour me parler de son grand-père, organiste et pianiste, à qui elle avait l'habitude de rendre visite aux heures de repas. Un jour, il lui a fait écouter la *Passion selon saint Mathieu* de Bach et lui a confié qu'il aimerait que cet air l'accompagne lorsque viendrait le temps de ses funérailles.

À quatre-vingt-quinze ans, son grand-père entre dans un Ehpad mais est atteint deux semaines plus tard par une épidémie de dysenterie qui ravage l'établissement. Fabienne arrive la première à son chevet, hélas juste après son dernier souffle. Quand elle remarque près du lit un sac débordant de CD, son premier geste est de plonger dedans pour chercher le morceau dont son grand-père lui a parlé. Malheureusement, elle a oublié s'il s'agit de la *Passion selon saint Mathieu* ou *selon saint Jean*. Dans une sorte de prière muette, elle s'adresse alors au défunt et lui demande de guider son geste. Au hasard, Fabienne attrape un disque, le place dans le lecteur et sort de la chambre parce qu'une aide-soignante vient effectuer la toilette mortuaire. Quand le reste de la famille apparaît, ils pénètrent ensemble dans la pièce, accueillis par le passage de Bach tant choyé « Erbarme dich[1] ». Quelle surprise ! « Ce fut pour moi le merveilleux signe que j'avais été guidée, et que le timing était divin puisque nous pouvions aussi être témoins de ce moment. Je garde ce signe gravé dans mon cœur, clins d'yeux, clin Dieu », m'écrit-elle avec émotion.

Enfin, pour terminer ce chapitre consacré au charme discret du hasard, autre formule que j'affectionne pour désigner les liens invisibles se nouant entre des événements, des gens, les choses et la nature, ajoutons un dernier exemple.

Il y a quelques années, mon fils Édouard avait malencontreusement décalotté la partie supérieure de la carapace d'une tortue, la tondeuse passée dans le jardin de son père ayant tondu l'animal invisible

1. « Erbarme dich » (Aie pitié !), Jean-Sébastien Bach, *Passion selon Saint Mathieu*.

dans l'herbe haute. Il en était, on s'en doute, tout chaviré. Si la tortue était vivante, elle se retrouvait sans protection. Bruno, son père, ayant une confiance assez inouïe dans la capacité des animaux à se réparer eux-mêmes, lui conseille alors de remettre la tortue dans le jardin. Mais le reptile disparut dans les buissons et personne ne le revit.

Un an plus tard, lors d'un week-end chez leur père, mes enfants ont demandé des nouvelles de l'animal. Sa volatilisation les attristait encore. Or le lendemain matin, ils constatèrent, avec une joie non dissimulée, que la tortue était revenue. Postée sous leurs fenêtres et sans carapace, hormis une sorte d'emplâtre naturel protecteur secrété au fil des mois.

*

Force est de constater que ces histoires de coïncidences mystérieuses nous font nous interroger. Nous les observons, les constatons, sans avoir d'explications. Aujourd'hui la physique quantique commence à en proposer certaines, mais – le lecteur l'aura compris – je ne cherche pas, ici, à expliquer quoi que ce soit.

6

Troublantes prémonitions[1]

Lorsque j'ai abordé la question de l'intuition, ce *sens* particulier qui se manifeste plus ou moins souvent, selon notre sensibilité, ce *quelque chose qui nous dit* que telle ou telle décision est bonne ou pas, qu'une personne est fiable ou non, cette *petite voix intérieure* qui guide, je n'ai pas évoqué les prémonitions.

Or la prémonition est aussi une forme d'intuition. Elle nous prévient d'un danger ou d'un événement important. Elle est un avertissement qu'on ne peut expliquer rationnellement et qui se manifeste par une émotion, un malaise, une angoisse, parfois par un rêve.

---

1. Pressentiment de savoir ce qui va arriver. Intuition d'origine inexpliquée.

*

Désireuse d'en savoir plus, j'ai demandé à l'une de mes amies psychanalystes, Marie-Laure Colonna, de me parler du *rêve prémonitoire*. Et, d'emblée, elle me raconte celui qu'elle a fait quelques semaines avant la première manifestation des Gilets jaunes. « J'ai vu une foule très en colère, portant des masques jaunes, déferler dans les rues de Paris, saccageant des monuments historiques. Alors je me suis réveillée en sursaut. Cela semblait si réel ! » Puis évoque le récit d'un musicien, Marc, qui devait se rendre à New York pour un concert. Après avoir rêvé qu'il sautait avec un parachute qui ne s'ouvrait pas, il n'a pas pris son avion… C'était le 11 septembre 2001 ! Toutes deux, nous commentons aussi le roman prophétique – écrit en 1980 – *Les Yeux des ténèbres*[1], dont le thème était visionnaire puisqu'il imaginait l'émergence d'un virus chinois, le Wuhan-400, sévissant aux alentours de 2020 !

Marie-Laure n'a aucune explication à de tels phénomènes. Elle me fait juste remarquer que l'inconscient ignore le temps. Que le passé, le présent et l'avenir semblent sur le même plan dans les rêves, voie royale des prémonitions. Même si Einstein décrit la nature mystérieuse du temps sous

1. Dean Koontz, *Les Yeux des ténèbres*, Paris, L'Archipel, 2020.

forme d'un continuum où passé, présent et futur coexistent de façon simultanée, le rêve prémonitoire laisse une marge de liberté au rêveur, et le futur y existerait *sous forme de potentiel.* La psychanalyste me précise que les rêves prémonitoires de ses patients sont tellement saisissants de réalité que ceux-ci, fréquemment, en tiennent compte au point d'en venir à changer leurs plans.

*

Poursuivant cette quête de connaissance, j'évoque ce sujet avec différentes personnes. Richard Winckler, un ami, me raconte une prémonition déclenchée par un rêve. Dans celui-ci, son directeur des ressources humaines, un homme avec qui le contact ne passait pas, lui dit : « *Richard, you should find another job.* » Intrigué, ce dernier sent que le rêve le prévient d'un danger. Au bureau, le lendemain, sans trop se poser de questions, il transfère et sauvegarde ses données dans son propre ordinateur. Le lendemain, la prophétie se réalise, le directeur du groupe pour lequel il travaille le convoque et lui annonce qu'il est viré. Pis, qu'il doit quitter l'entreprise sur-le-champ. Richard essaie de négocier, en vain. Le lendemain, le boss l'appelle, manifestement très ennuyé. Il s'est rendu compte que son ordinateur était vide et se retrouve le bec dans l'eau. En sauvegardant les dossiers à temps, « prévenu » par ses songes, Richard a pu entamer des négociations… dont il s'est bien sorti.

En lisant ce type d'histoire, nombreux sont ceux qui penseront que, eux aussi, ils ont connu ce genre de prémonitions et qu'elles les ont parfois sauvés du pire. Moi, je pense à la femme qui a, un jour, eu l'impulsion, tout à fait irrationnelle de son point de vue, d'aller fouiller dans les comptes de son mari. Un comportement qu'elle n'avait jamais eu, et qu'elle réprouvait par ailleurs, qui lui a permis de découvrir une liaison extraconjugale, prémonition à l'origine de leur séparation.

Qui n'a jamais fait cette expérience, qui n'a jamais été troublé par une prémonition, certaines heureuses, comme le pré-sentiment d'une rencontre, d'autres plus tristes ? Je pense par exemple aux indices mystérieux qui viennent avertir de la mort d'un être cher, signes dont j'ai moi-même fait l'expérience.

Je me trouvais dans mon cabinet de psychanalyste avec un patient, l'après-midi où mon père s'est donné la mort. À 16 heures, un merle noir est venu frapper de son bec la baie vitrée qui se trouvait à ma gauche. J'ai trouvé cela étrange. Une certaine angoisse m'a étreint le cœur. Immédiatement m'est revenue à l'esprit la façon dont mon père m'avait embrassée la veille pour me dire au revoir. J'étais allée déjeuner avec ma petite famille chez mes parents pour leur souhaiter la bonne année, car nous n'étions pas à Paris pendant les fêtes. Et quand j'ai pris congé, mon père m'a serrée fort contre lui, presque trop fort. Je me souvins d'en avoir parlé à mon mari en revenant chez nous : « Papa m'a embrassée d'une drôle de manière », ai-je dit. L'oiseau noir continua à taper contre la baie vitrée, puis s'envola. En rentrant à la maison, le soir, le téléphone a sonné. Un de mes frères m'annonçait que mon père avait mis fin à ses jours.

*

Ce type d'adieux, d'autres l'ont vécu.

Émilie, directrice d'une résidence service avec qui j'évoque l'existence de ces *troublantes prémonitions*, me confie que son grand-père, dont elle était très proche et qu'elle a accompagné à l'hôpital chaque jour durant trois mois, est venu lui dire au revoir le soir même où il est parti vers d'autres cieux. Elle venait de s'endormir lorsqu'elle a senti « comme le voile d'un baiser » sur sa joue et une main qui caressait ses cheveux. « J'ai reconnu, le temps d'un instant, son parfum. Je sais que ce baiser était le sien, car sa moustache me piquait de la même façon. » Au moment où le téléphone a sonné pour l'avertir de la mort de son grand-père, ces sensations se sont volatilisées. Mais au moins avait-elle été prévenue.

L'une des participantes aux séminaires « L'art de bien vieillir », que j'anime pour la mutuelle Audiens, m'écrit de son côté pour témoigner du *fil invisible* qui l'a reliée à sa mère, le jour où celle-ci est décédée.

Quelques semaines plus tôt, lors d'une visite à l'Ehpad où la vieille dame atteinte d'Alzheimer terminait sa vie, Anne-Marie Ley s'aperçoit que sa maman ne la reconnaît plus. Elle lui fait part néanmoins de son projet d'aller en *pèlerinage*, avec ses cousines, dans le petit village lorrain où leurs mères ont passé, avec leurs enfants, les années de guerre et d'Occupation. Sa mère garde un air absent, comme si cela ne la concernait pas.

Le pèlerinage a lieu deux semaines plus tard. Lors d'un déjeuner dans une petite auberge, les voyageurs échangent des souvenirs, des histoires savoureuses. Les rires et les explosions de joie se succèdent. C'est une belle journée.

Anne-Marie passe la nuit chez sa cousine. Et se réveille d'un coup à 6 heures du matin, dans un grand calme. Elle ouvre en grand les volets, puis se recouche pour contempler, de son lit, les ramures des grands arbres du jardin. « Je me suis sentie envahie d'une paix, d'une sérénité incroyables. Rarement j'avais éprouvé à ce point un calme intérieur aussi profond. En repensant à notre journée, je me suis dit qu'au fond, si ma mère mourait maintenant, elle aurait eu l'enterrement qu'elle voulait. » Sa maman lui avait toujours répété qu'il ne faudrait pas être triste quand sa mort surviendrait et que si elle mettait « des sous de côté », c'était pour que tous puissent se rendre au restaurant le jour de son enterrement. Anne-Marie se rendort et finit par se lever deux heures plus tard. Quand elle allume son portable, un message de sa sœur apparaît. Lui annonçant que leur mère est décédée… à 6 heures du matin.

La lettre qu'elle m'envoie s'achève par ces mots : « Je suis sûre qu'un fil invisible l'avait reliée à notre petit groupe pendant cette journée… Que ce n'est pas un hasard, si je me suis réveillée au moment de son départ… Ce fil invisible, ténu, mais très fort, nous a reliées l'une à l'autre ce matin-là. Il est, pour moi, toujours aussi puissant. »

7

Le rêve, ce guide invisible

Bien sûr, en tant qu'analyste jungienne, je sais que toute personne qui entame une psychanalyse – freudienne, lacanienne ou jungienne – afin de mieux se connaître, ou simplement d'aller mieux, cherche à entrer en contact avec l'*invisible* à l'intérieur d'elle-même.

Cet invisible est ce que les analystes nomment l'*inconscient*. Réservoir des désirs refoulés pour Freud, l'inconscient prend une dimension bien plus vaste chez Carl Gustav Jung. Certes, il contient les désirs refoulés, mais il est aussi relié à l'inconscient familial et à l'inconscient collectif.

Quand on commence une analyse, on va donc à la rencontre de son inconscient personnel (ses désirs refoulés, ses traumatismes) et des traces laissées par l'inconscient familial. On découvre aussi que l'on est relié à la mémoire du monde, à l'âme du monde.

C'est en analysant les rêves de ses patients que Jung a découvert cet univers. Il aimait employer l'image de l'iceberg pour faire comprendre comment se structure l'inconscient. Le Moi conscient, ce que Freud a nommé l'Ego, représente une toute petite partie émergée de l'iceberg. Les neuf dixièmes sont sous l'eau, c'est-à-dire inconscients, donc invisibles.

Je considère Jung comme un formidable explorateur de l'âme humaine. Comment prenons-nous conscience de tout cet univers inconscient ? Freud disait que la voie royale était le rêve, mais aussi les lapsus et les mots d'esprit.

Jung s'est intéressé particulièrement aux symboles contenus dans les rêves. Des symboles qui, pour certains, sont universels, et que l'on retrouve dans les songes de tous les humains, quelles que soient leur culture ou leur tradition spirituelle. Je pense par exemple au mandala, à la rose, au cercle, à la croix.

Ces symboles s'organisent en archétypes, les organes de l'âme, des sortes de traces digitales de toute l'humanité, qui restent plongées dans l'inconscient de chacun. Cet inconscient est nommé par Jung l'*inconscient collectif*.

Ces figures ou ces symboles habitent notre inconscient génération après génération. Nous n'arrivons pas au monde vierges, mais avec une sorte d'héritage psychique.

Cependant, héritiers d'une âme collective, nous n'en avons pas moins la responsabilité de nous *individuer*, c'est-à-dire de développer une conscience individuelle et d'accomplir notre destin sur terre.

Les rêves nous y aident, car ils révèlent le chemin que nous devons prendre pour accomplir notre vie, pour nous *individuer*, pour comprendre le sens des épreuves traversées.

Quelle étrange activité que le rêve ! Toute cette vie invisible à l'intérieur de chacun d'entre nous. Si, pendant longtemps, les sages, les poètes, les philosophes et les devins l'ont considéré comme une sorte de message envoyé à l'homme par des puissances invisibles, divines ou diaboliques, afin d'avertir d'un danger ou d'annoncer un destin, la psychanalyse a bouleversé cette interprétation surnaturelle. Le rêve est considéré aujourd'hui comme une production de l'inconscient. La *voie royale vers l'inconscient*, écrivait même Freud. Le rêve nous révèle nos désirs inavouables, refoulés, nos peurs, nos terreurs, mais pas seulement.

Jung était en conflit avec Freud sur la signification du rêve, qu'il jugeait trop réduite si on la limitait à l'expression du refoulé. Le rêve a une fonction beaucoup plus large, pensait-il. Il est une énigme qu'il importe de questionner sans relâche, d'examiner sous tous ses angles, avec laquelle il s'agit de dialoguer. Le rêve nous renseigne sur notre identité profonde, sur la structure de notre âme, et il a une fonction dynamique. Il est là aussi pour nous montrer le chemin, pour nous éviter des erreurs, nous guider. Il a une *fonction prospective*.

*

J'ai eu maintes fois l'occasion de le vérifier auprès de mes patients : nombre de leurs rêves indiquaient une voie à suivre.

J'ai en tête l'histoire de Jacqueline, qui songe, à trente-cinq ans, à se séparer de son mari depuis plusieurs années. Mais qui n'ose pas le faire, car elle estime que leur enfant de six ans, Antoine, est trop jeune pour supporter le divorce de ses parents. Un jour, elle me rapporte un rêve dans lequel elle part au Liban, avec Pierre, son conjoint, et leur fils. Là-bas, une voix lui dit : « Quitte tout de suite ce pays, sinon tu feras partie des trente-cinq avions bombardés. » Je suggère alors à mon analysante d'associer les éléments du rêve. Le Liban représente pour elle un pays de conflits permanents, dont on ne voit pas l'issue. Elle comprend qu'il s'agit de la métaphore de sa relation conjugale, des disputes incessantes et de l'impossibilité de trouver une solution.

La veille de son rêve, Jacqueline a fait une longue marche sur la plage, réfléchissant une fois de plus à son couple. Elle est revenue de promenade, décidée à rester avec Pierre jusqu'à ce que leur fils soit un peu plus grand, disons dix ou douze ans. Mais dans son rêve, une voix lui a commandé de ne pas attendre, de quitter tout de suite « ce pays de conflits ». Le message est clair.

Ce qui l'est moins, c'est la raison. Comment entendre l'injonction : « Pars, sinon tu feras partie des trente-cinq avions bombardés » ? Le rêve évoque une destruction, une catastrophe. J'avance une interprétation : ce rêve ne la met-il pas en garde contre une attente qui se révélerait destructrice ? Jacqueline a trente-cinq ans. Les trente-cinq avions bombardés ne symbolisent-ils pas les trente-cinq années à venir ? Ne court-elle pas le risque de manquer la deuxième partie de sa vie ?

Mon interprétation semble être tombée juste. Jacqueline me confirme que c'est le signe qu'elle attend pour prendre cette décision difficile. Trois mois plus tard, le couple se sépare. J'ai continué à suivre ma patiente. L'avenir a montré que sa vie avait changé, pris un essor nouveau. Elle n'a pas tardé à rencontrer un homme qui lui convenait beaucoup mieux. Son fils, pour lequel elle avait peur, s'est mis à travailler et à obtenir de bien meilleures notes, comme s'il s'était senti libéré d'un poids trop lourd à porter.

*

Le rêve a aussi une fonction thérapeutique. Les rêves violents, les cauchemars, les rêves traumatiques seraient, comme le montre très bien Bernard Lempert, un de mes confrères analystes, une tentative de la psyché d'intégrer ce qui la fait souffrir[1]. Le *mauvais rêve* contiendrait, en quelque sorte, l'onde de choc de l'événement traumatique et en limiterait les dégâts. Mieux vaut sans doute faire de mauvais rêves que laisser le corps subir la violence et entamer un processus d'autodestruction !

Il montre aussi un autre point de vue sur ce que vit le rêveur.

Voici l'exemple d'un patient, atteint d'une tumeur cérébrale, venu mourir dans l'unité de soins palliatifs où j'exerçais comme psychologue. Quelques semaines avant sa disparition, il était traversé par une profonde tristesse à la pensée de laisser derrière lui ses enfants, trois adolescents, dont il ne pourrait terminer l'éducation. Et m'avait confié son rêve : « C'est l'été, je vois un champ de tournesols, les fleurs sont ouvertes et tournées vers le soleil. Tout à coup, j'entends un bruit terrible et un hélicoptère tombe du ciel. Dans sa chute, ses pales fauchent les têtes des fleurs. »

1. Bernard Lempert, *Le Tueur sur un canapé jaune. Le rêve et la mémoire traumatique*, Paris, Seuil, 2008.

Ce mauvais rêve, violent, ne l'étonne pas, car il raconte sa propre histoire. À l'été de sa vie, en pleine maturité, une menace venue du ciel le frappe. Comme je sais qu'un rêve ne se contente pas de dire la violence vécue par la personne qui le fait, mais qu'il contient aussi un message capable de soigner, je lui demande ce que représente le tournesol. Ayant passé son enfance à la campagne, ce patient sait parfaitement qu'un tournesol, l'été, lorsque sa fleur est ouverte, a déjà laissé tomber la graine qui servira à fabriquer de l'huile. Du coup, il comprend le sens caché du songe. Oui, il va mourir à l'été de son existence, oui, il laisse derrière lui ses enfants, mais l'œuvre de sa vie est accomplie : il a laissé tomber dans le cœur des siens la graine qui donnera son huile, c'est-à-dire l'amour qui leur permettra de grandir sans lui.

*

Mon amie Sevim, psychanalyste d'inspiration jungienne, écoute, elle aussi, les rêves de ses patients. Depuis des années, elle observe souvent le phénomène de synchronicité que Jung a su mettre en évidence. Qui montre le lien invisible reliant un rêve et la réalité. Une image apparaît durant le sommeil, et c'est comme si l'image intérieure du rêve prenait forme dans la réalité.

Elle est évidemment attentive à ses propres nuits. Et a partagé avec moi le rêve fait au premier jour du confinement de mars 2020.

Un oiseau arrive derrière la baie vitrée de son salon, tape contre la vitre, puis tourne plusieurs fois la tête à gauche et à droite. Cette image la réveille. Le lendemain matin, en regardant par la baie, elle aperçoit un oiseau sur la table de son jardin. Un merle noir avec un grand bec jaune. Exactement le même que celui qui lui était apparu, et qui sautille de gauche à droite.

Mon amie m'a expliqué que cet oiseau l'a accompagnée pendant les trois mois du premier confinement. « Il est venu tous les jours, et, progressivement, a fait partie de mon paysage, il s'est apprivoisé. C'était comme s'il me protégeait. » La fois où elle a oublié de le nourrir, il est même entré dans le salon pour signaler sa présence… avant de ressortir. Le dernier jour du confinement, alors qu'elle était dans le jardin, il a fait un pas supplémentaire pour s'approcher, sautant d'un arbre à l'autre autour de la table. Il s'est posé sur le dossier de chacune des deux chaises qu'elle avait sorties. « Sans doute avait-il un message pour moi. Car le jour même du déconfinement, il est parti ! C'est extraordinaire. »

Je demande à Sevim comment elle interprète cette coïncidence. « Le confinement est une fermeture, alors que l'oiseau symbolise pour moi l'ouverture, le souffle de l'âme. Cet oiseau m'invitait à aller plus haut, à relier l'espace sacré qui est en moi à l'espace plus vaste. À ne pas me renfermer sur moi-même, à ne pas me replier. » Elle me dit ensuite avoir retrouvé la belle expression que Jung employait à propos de l'oiseau : *un sonneur de cloches !* Pour mon amie analyste, le volatile des rêves venait lui rappeler la dimension sacrée de l'univers, et ce lien qu'il faut maintenir avec l'invisible, avec ce qui est « plus haut et plus vaste ».

Le passereau noir n'est pas revenu la hanter pendant toute la période du déconfinement, de juin à novembre.

Puis l'oiseau, le même, a réapparu.

Sevim était alors dans une phase difficile, submergée de travail, écrasée de fatigue par le Covid contracté en octobre. Un soir, un de ses amis jungiens lui demande si elle pense à *son oiseau.* « Le fait même de me le remémorer m'a redonné du souffle », m'avoue-t-elle. L'oiseau est donc revenu. « Il était dans le jardin, perché sur une des branches de mon olivier. Je suis sortie le voir. Nous nous sommes regardés. Un moment extraordinaire. Je savais que c'était lui. Je me souviens, j'étais debout, je n'osais pas bouger. Il a volé de nouveau autour de moi, comme le jour où il était parti, en mai. »

*

En ce qui me concerne, j'ai l'habitude depuis longtemps de noter mes rêves. Ce qui m'a permis, en plongeant dans ces carnets, de constater qu'un certain nombre d'entre eux ont accompagné mon chemin.

Parmi les grands rêves m'ayant guidée, celui fait la veille de mon entrée en analyse jungienne avec Élie Humbert[1] m'a marquée.

Dans ce rêve, je me trouve devant un tableau de mon grand-père, Georges Dufrenoy[2], représentant un palais vénitien au bord du Grand Canal. J'avais vu l'œuvre exposée chez la galeriste Katia Granoff, et elle m'avait beaucoup frappée par sa lumière et sa beauté. Dufrenoy peignait à l'huile, avec un couteau. Il avait un sens particulier du relief et de la couleur.

Telle *Alice au pays des merveilles*, je pénètre dans le tableau et plonge dans l'eau du canal. Une eau aux reflets verts miroitants. J'entends alors une voix m'intimer l'ordre de descendre « sept cents mètres » ! Et je me réveille.

Lorsque j'entre chez Élie Humbert, dans son cabinet du Quartier latin, il me demande d'emblée

1. Élie G. Humbert est un psychologue jungien – qui a travaillé personnellement avec Carl G. Jung – ancien président de la Société française de psychologie analytique et de l'Association internationale de psychologique analytique, fondateur et rédacteur en chef des *Cahiers jungiens de psychanalyse* et enseignant à Paris-VII.

2. Georges Dufrenoy (1870-1943), peintre postimpressioniste français.

si j'ai rêvé, car le rêve préalable à une entrée en analyse, me dit-il, est d'une importance fondamentale pour la suite.

Je le vois encore écouter avec attention le court récit, marquer un temps de silence, m'inviter à associer librement des mots à l'image du canal, à Venise et à mon grand-père. J'évoque mes ascendants italiens, cette cité des doges mystérieuse où Dufrenoy allait peindre tous les ans, une ville que je ne connais pas, très présente sur les murs de l'appartement parisien de ma grand-mère, et que je rêve de découvrir. Alors, il me propose une interprétation : « Une voix intérieure vous demande de plonger dans les profondeurs inconnues de votre inconscient personnel et familial, dans les profondeurs spirituelles de votre esprit et de votre âme, car le chiffre 7 renvoie toujours au sacré. Cette voix intérieure vous demande de faire cette plongée *sans maître* », dit-il, interprétant d'une manière toute lacanienne le sept cents mètres de mon songe. « Sans maître, c'est-à-dire seule, sans vous rattacher à une école, à une théorie, à un quelconque *guru*. Oui, toute seule. »

Élie Humbert m'a alors confié que j'avais fait le bon choix en m'adressant à un jungien pour entamer l'exploration de mon âme. Car Jung lui-même encourageait ses patients à suivre leur propre voie, à se sentir libres. N'avait-il pas sacrifié son amitié pour Freud afin de prendre sa liberté et de suivre l'évolution de sa propre pensée ?

Je dois à ce rêve, et à la lecture qu'en a faite Élie Humbert, l'apprentissage d'une certaine solitude. Et lorsque je l'ai quitté plus tard, renonçant à entrer dans l'*Église* jungienne pour aller travailler avec un analyste lacanien[1], peu orthodoxe lui aussi puisqu'il pratiquait l'haptonomie[2], je savais que c'était bien : j'allais vers moi-même.

Ce rêve initiatique disait vrai. J'ai mené ma carrière de thérapeute et ma recherche spirituelle seule, sans adhérer à une pensée exclusive, m'enrichissant de rencontre en rencontre. C'est d'ailleurs cette liberté intellectuelle et spirituelle qui a plu à François Mitterrand lorsqu'il a commencé à me parler de ses propres interrogations. Ce *premier rêve* avait tracé la voie.

*

Le second fut tout aussi important. Il a changé ma vie, car il est à l'origine de ma rencontre avec un homme d'exception et d'un engagement éthique au service duquel je continue d'écrire.

1. Bernard This, psychanalyste, auteur de *Le Père, acte de naissance*, Paris, Points, 1991.

2. Voir Frans Veldman, *Haptonomie, science de l'affectivité*, Paris, PUF, 2007.

Ce rêve, je l'ai fait le lendemain de ma rencontre fortuite avec le président de la République, laquelle avait eu lieu à l'occasion d'une réception à l'Élysée le 6 novembre 1984, pour le départ de mon frère aîné, alors chef du protocole. Ce dernier m'avait présentée au chef de l'État, et dans cette première entrevue, le courant était passé. J'avais éprouvé une sensation étrange que je n'oublierai jamais. Le temps de ce regard échangé, j'avais perçu la solitude, su que François Mitterrand était malade. Et que je le reverrai. Un moment particulier que je décris dans *Croire aux forces de l'esprit*[1].

Le rêve, donc. Dans celui-ci, je me vois avec François Mitterrand. Qui « doit s'engager dans un passage plein d'eau, une sorte de long tunnel menant je ne sais où. Je dois l'accompagner, car je sais comment *respirer sous l'eau*. Je dois en quelque sorte lui apprendre à survivre dans cet élément. »

Le matin, je me réveille en nage. L'émotion que j'éprouve suffit à me confirmer l'importance de cette rencontre. Je sens qu'il s'est passé *quelque chose* et que j'ai un rôle à jouer auprès de cet homme. Le rêve parle de souffle, d'esprit, de vie, alors je saisis d'emblée que mon rôle sera d'ordre spirituel. Au sens large du terme.

---

1. Marie de Hennezel, *Croire aux forces de l'esprit*, Paris, Fayard, 2016.

Bientôt, ce rêve m'obsède. Je comprends qu'il n'est pas seulement un effet de mon imagination ou de mon désir inconscient. Que, dans le court moment où nos regards se sont croisés, où nos mains se sont touchées, une rencontre inéluctable se forgeait, et qu'il avait éprouvé la même impression que moi.

Le lendemain, je décide d'envoyer un courrier au président. La lettre s'est écrite, pour ainsi dire, d'une traite. Je ne demande rien, me contente de lui dire que j'ai été sensible à ce que j'ai perçu de sa solitude, et l'assure de ma prière.

Toute la journée, j'hésite à la poster. Puis, comme cela m'arrive parfois quand je ne sais plus quelle décision prendre, je fais appel à l'*invisible.* J'interroge le *Yi King*, un ancien texte de divination taoïste, censé éclairer les décisions. La réponse est favorable, je glisse l'enveloppe dans une boîte en pensant : *Advienne que pourra !*

Le 16 novembre, je reçois une réponse. François Mitterrand écrit que ma lettre l'aide. « J'aimerais vous connaître. Est-ce possible ? Il vous suffit de me le dire. Le mot correspondance a, pour moi, son véritable sens, grâce à vous. »

Plus tard, je lui raconterai le rêve à l'origine de notre rencontre, et nous entamerons une longue conversation sur l'invisible, échange qui durera douze ans, jusqu'à sa mort. Nous discutions de nos expériences, commentions les livres y faisant référence. Nous étions, pourrait-on dire, sur la même longueur d'onde. « Je pense que nous avons tous un lien avec l'invisible, disait-il mais c'est un lien secret, intime, que nous gardons pour nous ou que nous partageons parfois avec des gens qui ont la même perception. »

8

Conversation sur l'invisible

Comment ne pas poursuivre en évoquant la conversation avec François Mitterrand, que je viens d'aborder ? Le président m'avait mise dans un tiroir secret. Il m'avait choisie pour parler de sujets intimes, nous avons échangé jusqu'à sa mort, et j'ai découvert, au fil des années, que le chef de l'État entretenait un lien quasi permanent avec *ses invisibles*.

*

Ainsi, il percevait l'énergie des lieux : Bibracte en Bourgogne, les pins des Landes, mais aussi les cimetières et les églises romanes, où il se glissait discrètement ; Vézelay, la colline inspirée, Solutré, Taizé, et encore le mont Sinaï où, après une méditation silencieuse, « un colloque singulier avec Dieu », m'avait confié Robert Badinter[1], il avait pris la décision de se présenter de nouveau à la présidence de la République en 1988.

Je me souviens notamment de la discussion que nous avions eue sur Taizé, un lieu œcuménique, où j'allais souvent de mon côté, et où lui se rendait tous les ans, le lundi de la Pentecôte, après avoir gravi, la veille, la Roche de Solutré. Il y venait incognito et se laissait imprégner par le silence, le recueillement, les mantras chantés et les quelques mots, si simples, prononcés par frère Roger[2], avec lequel il partait ensuite déjeuner. Il m'avait confié y sentir *une présence.* Celle de l'esprit du Dieu vivant[3] ?

« Je m'assieds sur un petit tabouret, au fond de l'église, et je reste là. Il y a une énergie palpable dans ce lieu, étonnant, non ? Est-ce l'énergie de la prière ? Je ne sais. Mais, c'est incontestable, je la sens. »

Nous partagions le même attachement pour ce lieu hautement spirituel, si loin des dogmes et du bla-bla ennuyeux des prêches.

1. Robert Badinter m'avait raconté ce détail de l'ascension au Sinaï, en décembre 1987, où il accompagnait François Mitterrand, lors d'une visite que je lui ai rendue en 2016.

2. Fondateur de Taizé et de l'Église de la réconciliation.

3. Frère Roger avait griffonné sur un bout de papier une prière destinée à François Mitterrand, que celui-ci avait posée sur sa table de nuit, dans sa chambre à l'Élysée. Le texte de la prière était le suivant : « Esprit du Dieu vivant, tu souffles en moi une brise légère, fraîcheur de l'âme, pour reprendre chaque jour le chemin de l'ombre vers la clarté de ta Présence. »

Je lui avais alors confié mon propre retour à la prière, après des années de quasi-rejet de ma religion catholique. Et comment, une nuit de Noël, venue assister à la messe de minuit avec mes enfants, assise à même le sol au milieu de la foule immense, j'avais été saisie d'une émotion à laquelle je ne m'attendais pas. L'énergie du lieu m'avait tellement bouleversée que j'en avais eu les larmes aux yeux. J'en avais parlé à frère Roger, qui avait simplement suggéré que j'avais eu une *effusion de l'Esprit*.

Évoquant ensuite cette *présence* que certains *sentent*, François Mitterrand avait déclaré qu'il n'était pas utile de la nommer, car la sentir suffisait. C'est d'ailleurs ce qui caractérise Taizé. La foi que les frères vivent dans cette communauté est vivante. Ils ne croient pas dans les dogmes, ils « font confiance à une *Présence bienveillante* ».

*

Le président m'avait par ailleurs raconté qu'enfant, il avait un sixième sens très développé, qu'il avait un peu perdu en grandissant. « Le monde était habité d'une présence, l'esprit de la terre, l'esprit des arbres. J'éprouvais une force invisible. Ne croyez-vous pas qu'enfant, nous avons un sens du sacré, que nous éprouvons cette force sans la nommer ? Nous sommes comme les hommes du paléolithique, nous avons une relation horizontale avec la nature. Ensuite on se verticalise, n'est-ce pas ? Et on se méfie des forces naturelles. »

Ce goût pour « la relation horizontale avec une nature habitée », le chef de l'État pensait l'avoir conservé ! « C'est tout de même quelque chose, cette force que dégagent la nature et les lieux ! » Ainsi aimait-il se définir comme une sorte de *mystique païen*.

Me revient en mémoire le discours qu'il avait prononcé à l'inauguration du site archéologique de Bibracte, un de ces lieux où souffle l'Esprit : « N'est-ce pas lorsqu'on gravit les pentes du mont Beuvray et que l'on contemple le paysage embrumé, que l'on éprouve le sentiment de s'approcher de quelque mystère, celui des puissances de la terre ? »

*

Que pensait François Mitterrand des recherches et des explorations menées dans le monde entier sur l'invisible ?

Bien qu'ayant un intérêt réel pour les avancées de la nouvelle physique, il gardait une certaine distance. « Tous ces chercheurs sont des gens qui ont eu, un jour, une expérience sortant de l'ordinaire, comme nous en avons presque tous un jour, mais cette expérience est si forte qu'ils consacrent leur vie entière à essayer de prouver que l'invisible existe, et que nous pouvons le comprendre, l'expliquer, voire nous en servir, me dit-il. C'est un peu puéril. *Car il est de la nature de l'invisible de rester invisible*, mystérieux. »

Le président avait précisé : « Il subsiste toujours un noyau irréductible à l'explication, et ce je-ne-sais-quoi d'irréductible nous révèle peut-être la véritable situation de l'homme dans le Cosmos. »

Pour autant, je sentais que le chef de l'État ne jetait pas la pierre à ces explorateurs, conscient que leur intention de départ est légitime. « On veut comprendre ce qui nous arrive, n'est-ce pas ? précisa-t-il. Et peut-être, après tout, la physique arrivera-t-elle un jour à expliquer l'inexplicable. Mais il faut bien admettre qu'aujourd'hui les chercheurs de l'invisible se fourvoient quand ils veulent prouver, car il leur faut affronter les rationalistes scientifiques. Et certains sont tentés de tricher, pas tous bien sûr, mais beaucoup. Cela suffit à discréditer leurs expériences. Apporter des preuves de l'existence de l'invisible est une impasse ; cela conduit certains à manipuler la crédulité des gens, à exercer une fascination coupable. Car, voyez-vous, nous savons tous que l'invisible existe, nous le percevons, l'invisible nous fait signe quand nous en avons besoin, nous établissons un lien secret avec cette autre face du miroir. Nous expérimentons l'invisible. Et notre conviction intime suffit. Pas besoin de preuve[1] ! »

1. Cette conversation sur l'invisible a eu lieu en 1985. Je l'ai notée dans un journal que j'ai tenu entre 1984, date de notre rencontre, et 1996, date de sa mort. La plus grande partie de ce journal se retrouve dans *Croire aux forces de l'esprit*, *op. cit.*

9

Les lieux habités

J'ai la chance d'être liée à deux des *lieux* que leurs habitants ont investis d'un pouvoir de régénération, et cela, depuis la préhistoire.

*

L'île d'Yeu, où je passe désormais le plus clair de mon temps, est un immense roc de granite au large de Noirmoutier. L'île est réputée pour sa beauté, mais aussi pour l'énergie qu'elle dégage. En quelques jours, on s'y refait une santé. Maurice Esseul[1], l'historien des lieux, a beaucoup écrit sur

1. Maurice Esseul, à l'heure où je remets ce manuscrit à mon éditeur, vient de mourir. Il est l'auteur de quinze ouvrages sur l'île d'Yeu. Il a réussi à convaincre le ministère de la Culture de financer les travaux de restauration du Vieux-Château. Devenu un collaborateur de choix pour

sa préhistoire, sur les mystérieuses *pierres à cupules*, les dolmens[1], sur les rites supposés des peuples anciens venant célébrer les forces telluriques et cosmiques, ainsi que sur les légendes qui nourrissent l'imaginaire insulaire. Un affleurement de marbre blanc, sur la côte ouest, baptisé *les cailloux blancs*, n'attire-t-il pas ceux qui veulent vivre longtemps ?

*

L'autre lieu, je l'ai déniché dans le Gard, voici cinquante ans. Fangalas est une maison construite sur un rocher, au sommet d'une colline. Dans le champ qui s'étend devant, les Celtes ont planté une pierre. Le mystère des pierres levées reste entier, mais on leur prête une énergie, et les gens viennent les toucher. Près de celle-ci, je médite tous les jours.

Mon premier mari et moi avons acheté cette ruine sans toit, ni eau, ni électricité dans les années 1970. Il y avait, chez les jeunes de notre génération, un désir de retour à la nature, de vie authentique, et nous étions nombreux à investir des bergeries ou des granges. Nous avons reconstruit la bâtisse, peu

l'architecte en chef des Monuments historiques et la Direction régionale des affaires culturelles, il a notamment contribué à l'inventaire historique de l'île et aux travaux de restauration de la citadelle et de l'église Saint-Sauveur.

1. Comme le dolmen des Petits-Fradets, sur la commune de l'île d'Yeu, actuellement en restauration. Probablement une chambre funéraire.

à peu, sans beaucoup d'argent. J'ai même inscrit sur une pierre, au-dessus de la porte d'entrée, la devise des stoïciens : « *Zen omologoumenos* » (Vivre en harmonie avec la nature).

Ce que je m'efforce de faire, depuis.

*

Des années plus tard, je me remarie avec Christopher Thiery, rencontré grâce à François Mitterrand. Max, ma belle-mère irlandaise, me parle de Findhorn[1], un endroit mythique en Écosse, où les gens vivent si bien en harmonie avec l'environnement qu'ils se sont mis à parler avec les arbres, les plantes, les fleurs, et ont inventé le terme *devas* pour désigner les *anges de la nature*. Il y aurait un ange pour chaque plante, chaque légume, chaque arbre fruitier. Aux dires de nombreux témoins, Findhorn est un lieu où surviennent des choses qui défient l'entendement. Les jardiniers reçoivent des messages de l'invisible qui les guident et leur enseignent la manière de traiter la nature. Le résultat est, paraît-il, magnifique : le jardin, parti d'un terrain vague, est devenu une merveille avec profusion de plantes, de fleurs, d'arbres fruitiers. Il est connu du monde entier.

1. Eileen Caddy, *Foundation of Findhorn*, Findhorn publications, 1976.

Lorsque mon mari a hérité des livres de sa mère, nous avons rangé ceux concernant Findhorn dans la bibliothèque de Fangalas. Un après-midi d'octobre, alors que nous avions prêté la maison à un couple et que celui-ci dévore les ouvrages, notre amie, très imprégnée par ces histoires magiques, décide de partir aux champignons.

Un peu pour s'amuser, mais surtout pour *vérifier* ce qu'elle vient de lire sur les *devas*, elle invoque l'*ange des girolles.* Et son mari et elle partent vers le haut de la colline boisée, où se dressent de majestueux châtaigniers. Tout en marchant, mon amie continue de s'adresser au fameux *ange des girolles* afin qu'il guide leurs pas. Le couple tombe alors sur un coin à champignons, et ils en cueillent un bon nombre. Alors que le soleil commence à baisser à l'horizon, mon amie dit à haute voix, en fermant les yeux : « J'aimerais tomber sur un trésor de girolles ! » Elle avance en tâtonnant dans le sous-bois et se retrouve devant un parterre de bruyère sombre, sous des pins. L'idée lui vient de soulever les plantes. Et là, elle n'en croit pas ses yeux : des girolles énormes, d'un ocre clair magnifique, apparaissent. Tous deux remplissent leur panier et rentrent, le cœur en joie, en vue d'un merveilleux dîner.

Le lendemain matin, notre ami, intellectuel on ne peut plus cartésien qui s'est laissé entraîner par amusement dans cette cueillette miracle, constate, stupéfait, sur le seuil de la maison, que trois girolles se sont nichées entre deux pierres et ont poussé durant la nuit. Intrigué, il croit à une blague, mais sa femme et lui sont seuls dans la maison perdue au milieu des bois. Et ces trois champignons sont bel et bien enracinés dans la terre. Aucune place pour le doute, ce clin d'œil de l'invisible les laisse sans voix !

*

François Mitterrand, à qui j'avais raconté cette histoire, n'avait pas paru étonné. Il existe une intelligence de la nature, me disait-il, « des liens invisibles entre tout ce qui pousse dans la terre, et pourquoi pas la pensée des hommes ».

Lui-même avait promis de venir à Fangalas, désireux de *toucher* ma pierre. Promesse tenue à deux reprises. Je le revois, la première fois[1], descendre les marches en pierre qui conduisent à la terrasse et s'arrêter net, à l'angle, où l'on découvre le cirque de verdure au flan duquel la maison est construite. Sans habitation en vue. Juste des courbes entrelacées de collines couvertes d'un épais tissu de chênes verts.

Manifestement impressionné, il reste au moins cinq minutes en contemplation, muet, évadé. Un silence qui me paraît une éternité.

1. En juillet 1992. La scène est décrite dans *Croire aux forces de l'esprit*, *op. cit.* François Mitterrand est revenu une seconde fois en juillet 1993.

« Quel lieu ! s'exclame-t-il enfin. Faites-moi visiter ! »

Le tour est rapide, la maison, toute petite. Son charme est d'être encadrée de ces chênes magnifiques et de disposer d'une terrasse qui surplombe le champ où se détache la pierre levée. Une véritable pierre celte, répertoriée, d'après les spécialistes, comme l'avant-dernier menhir de la chaîne d'Irlande. Peu de gens savent que les Celtes se sont aventurés jusqu'aux confins des Cévennes et que la garrigue alentour est truffée de mégalithes et de dolmens. Dont le plus élevé se situe à Malataverne, près de Lussan, et mesure au moins trois mètres. Le mien, d'une taille plus modeste, prend la forme triangulaire d'un visage couvert d'un voile. « Allons sentir son énergie », me lance le président.

Je n'oublierai jamais la manière dont il a posé ses mains sur cette pierre cachée, intime, secrète. Les yeux fermés, le visage concentré, il semblait se recharger à ce que les Celtes considéraient sans doute comme des antennes reliant les énergies telluriques et cosmiques.

En remontant vers ma maison, François Mitterrand a déclaré : « Vous savez ce que je pense, les hommes politiques devraient passer plus de temps en silence dans les lieux chargés d'énergie. Ils devraient toucher les dolmens, les pierres levées, cela leur communiquerait une solidité tranquille. »

Plus tard, lorsque je le vis pour la dernière fois avant sa mort, il me fit une requête émouvante : « Mettrez-vous une petite pierre en souvenir de moi près de votre pierre ? » Je l'ai fait. Une petite pierre blanche, que j'appelle la *pierre de François Mitterrand*, se trouve là.

*

À Fangalas, un grand chêne a été planté, il y a fort longtemps, au chevet de la maison. Dans la famille, nous l'appelons *l'arbre aux questions*. Magique, il ouvre ses trois bras magnifiques à un mètre du sol, ce qui permet de s'asseoir au creux de sa couronne. Nous avons l'habitude de monter dans ses branches pour formuler des interrogations. Après un moment de méditation silencieuse, il n'est pas rare qu'une réponse à laquelle nous n'avions pas pensé jaillisse dans notre esprit. Les paysans de la région expliquent qu'il suffit de faire corps avec le tronc d'un chêne, ou de l'enlacer pour qu'il vous communique sa force. J'aime imaginer que des puissances invisibles affectionnent notre arbre et l'entourent, comme on dit que les druides savaient faire.

François Mitterrand lui-même en était convaincu, qui appelait ce geste « la mise à l'arbre » ! Quant aux *pouvoirs invisibles* des arbres – une antenne entre les énergies telluriques et cosmiques, répétait-il –, ce promeneur solitaire des forêts landaises en savait long. Ne disait-il pas qu'il en revenait « euphorique et plein d'énergie » et qu'il avait « presque le sentiment » ensuite « d'être nettoyé de l'intérieur »... Un jour, il me dit même : « Je me souviens d'avoir lu quelque part que les ions négatifs émis par la pointe des aiguilles de pin y sont pour quelque chose[1]. »

C'est une question dont nous avons souvent débattu : quels sont l'*invisible*, la force, la paix que certains lieux dégagent ? Proviennent-ils du lieu lui-même, de sa beauté, de son harmonie, de son architecture, de sa situation dans l'espace, de sa fonction, de son histoire ? Ou de ce que les gens y laissent ? De ce qu'ils y vivent et ressentent ? Pourquoi est-on attiré par un endroit plus qu'un autre ?

Comme toujours, le président préférait les questions aux réponses. Il disait seulement que *quelque chose* le poussait à entrer dans les chapelles vides, romanes de préférence, ou à se promener dans les cimetières. Qu'il était saisi d'emblée par *quelque chose* qu'il ne comprenait pas, mais qu'il *sentait*. Une sorte de paix.

Persuadé que les lieux s'imprègnent de l'énergie de ceux qui les fréquentent, il n'était pas étonné que les petites chapelles ou les cimetières fussent porteurs de la vibration de recueillement que les gens y déposent par leurs prières ou leurs pensées.

1. Marie de Hennezel, *Croire aux forces de l'esprit*, *op. cit.*

Ainsi s'est-il toujours demandé comment un endroit « aussi improbable, bruyant, chaotique » que la fameuse Cité de la joie[1], à Calcutta, pouvait dégager tant de force, donner à ceux qui y vivaient une telle énergie. Il s'y était rendu en 1975, pour découvrir ce qu'est l'extrême misère, et, à sa grande surprise, s'y était senti bien. Comment expliquer ce sentiment, sinon par ce que vivait la population des sans-caste, des intouchables : « J'ai vu des choses qui m'ont marqué à vie. Cette joie intérieure dans les regards, alors que tout manque sur le plan matériel[2] ! »

*

Puisque j'évoque l'énergie des lieux qui attirent et font du bien, il me faut aussi mentionner ceux qui dégagent quelque chose de sombre et de troublant.

Après tout, si l'on admet que des endroits s'imprègnent des pensées ou des émotions que les gens y ont mis, pourquoi d'autres n'auraient-ils pas

1. Je fais le récit de cette visite du président Mitterrand à Calcutta dans *ibid.* : « François Mitterrand, alors secrétaire du Parti socialiste, s'était intéressé à la communauté du Prado, à Lyon. Une communauté de prêtres ayant fait vœu de pauvreté, engagés auprès des plus démunis. Il y avait rencontré un être dont le charisme l'avait immédiatement impressionné, Gaston Grandjean. Aussi, lorsque Gaston est parti s'installer à Calcutta, au milieu des plus pauvres des pauvres, François Mitterrand a décidé de lui rendre visite. »

2. *Ibid.*

gardé, en quelque sorte, en mémoire les souffrances ou les horreurs dont ils ont été le théâtre ?

Mes patients m'ont souvent parlé de forêts, grottes, ruines ou maisons dans lesquelles ils se sentent mal, parfois au point de devoir les quitter soudainement. Je pense aux nuits d'insomnie passées dans une pièce dont on découvre le lendemain qu'elle a abrité un drame ! Aux hôtels qui possèdent une chambre qu'ils n'osent louer parce qu'un meurtre s'y est déroulé ! Ces événements ne sont-ils pas la preuve que l'on *sent* ce qui s'est passé quelque part et que le lieu a comme une mémoire ?

J'ai connu ce type d'expérience. Ainsi, je n'ai jamais pu rester plus de cinq minutes dans la grotte des Camisards, une cavité reculée dans les bois au-dessus du village de Rochegude, dans le Gard. Cette cavité très accessible est souvent visitée, mais dégage une sensation qui oppresse. Or c'est là que s'est tenue, le 30 août 1700, une assemblée clandestine de rebelles protestants. Refusant la répression religieuse de l'édit de Nantes, ils venaient prier et chanter des psaumes de 22 heures au lever du jour, dans ce trou hostile et humide. Mais il y eut des dénonciations, des arrestations, des condamnations à mort. Et la mémoire sombre de l'endroit pèse.

Je ne suis pas la seule à m'être sentie mal sur place : la plupart des visiteurs ont hâte de partir et de se retrouver à l'air libre.

Bernard Martino relate, dans *Les Chants de l'invisible*, un témoignage rapporté par Jean-Yves Casgha, journaliste de France Culture. Celui d'une chanteuse juive qui avait acheté un pavillon en banlieue parisienne. « En y vivant, elle commença par ressentir une impression de malaise, puis à entendre comme des cris provenant de la cave. Elle n'arrivait plus à dormir, les cris s'intensifiaient. Tant et si bien qu'elle dut se résoudre à déménager. Elle apprit par la suite que ce pavillon avait servi de lieu de détention à la Gestapo et que c'est précisément dans la cave qu'on torturait les résistants[1]. »

Je pourrais citer quantité de témoignages allant dans ce sens. La plupart du temps, les personnes qui viennent d'emménager dans un lieu où l'atmosphère est étrangement pesante, où elles se trouvent mal, voire qu'elles pensent hanté, font appel à l'art ancien et réputé qu'est le Feng shui, ou à des rituels et recettes légués par des ancêtres censés expulser les *mauvaises énergies*. Un « nettoyage énergétique » avec du gros sel, de la cannelle et du vinaigre, réputés chasser les esprits malfaisants, est pratiqué, de la sauge blanche, purifiant naturel, brûlée. Certains, plus simplement, promènent un bâton d'encens de pièce en pièce.

1. Martino, *op. cit.*

On n'imagine pas non plus combien de gens éprouvent le besoin de repeindre les murs de leur appartement ou de leur maison en avançant un motif esthétique, alors que, derrière, se cache le désir de renouveler l'énergie du lieu.

Les expressions : « Je me sens bien ici » ou « Je me sens mal là » veulent souvent dire plus qu'on ne le croit.

10

La force invisible

Je me pose depuis longtemps la question de savoir d'où vient la *force invisible*, quasi incompréhensible, dont certains font preuve lors des moments tragiques de leur vie.

Une interrogation qui renaît quand Florian Colomb de Daunant, cher cousin de Camargue[1], me raconte le naufrage de son voilier survenu il y a des années. Il était, comme son coéquipier, tombé en pleine mer sans bouée de sauvetage. Si son ami est, malheureusement, assez vite mort noyé, Florian, lui, a réussi à nager pendant des heures. Puis, épuisé, s'est laissé porter par une « force » qu'il ne comprenait pas, et qu'il a qualifiée de *surhumaine*. Une

1. Florian Colomb de Daunant tient l'hôtel de Cacharel aux Saintes-Maries-de-la-Mer.

force qui lui a permis de tenir jusqu'à ce qu'un bateau croisant sa dérive lui portât enfin secours.

Quelles sont donc l'intensité, la puissance, l'énergie qui se manifestent, surgissent en cas d'extrême détresse ?

Un psychologue américain, le Dr Wayne W. Dyer, la relie à ce qu'il appelle le *pouvoir de l'intention*, une force universelle, un champ d'énergie invisible et illimitée, dont nous faisons tous partie. L'intention de survivre de Florian, lors de son naufrage, a-t-elle entraîné ce pouvoir ?

Comme toujours, je n'aurai aucune preuve. Mais rien ne m'interdit de penser que son désir de survivre a pu lui insuffler cette vigueur décuplée. S'agit-il de l'énergie vitale, ce *conatus* dont parlait Spinoza ?

*

En voyage en Nouvelle-Zélande, je m'intéresse à la culture maorie, à la spiritualité cosmique de ce peuple aux rituels hérités des aborigènes qui vivaient sur l'île avant que les Britanniques ne débarquent. Lors d'une conversation avec George, un ami maori de mon fils Jean, qui vient de célébrer son mariage dans l'île du Nord où il réside désormais, je comprends à quel point les Maoris ont le sens du sacré et de l'invisible. Puis nous discutons du fameux *Haka*, ce chant qui ouvre chaque match de rugby et qui doit terrifier les adversaires. Et, là, je découvre qu'il est tout sauf agressif.

Ka mate Ka mate signifie « Je meurs », *Ka ora ka ora* signifie « Je vis ». Ce *Haka*, composé par un chef maori en 1820, célèbre la sortie d'un puits vers la lumière, la puissance qui réside au fond de chaque être humain. En somme, si les gestes qui accompagnent le *Haka* entonné dans les stades sont saisissants, c'est non en raison du sens même du chant mais parce que la célèbre équipe des All Blacks en a fait un air de défi. « Notre règne, notre suprématie triomphera ! »

Pour autant, c'est bel et bien un hymne évoquant la confiance que les joueurs adressent à leur force invisible, une intention féroce de gagner qu'ils proclament, l'affirmation d'assumer leur désir de victoire.

Me revient la phrase – que l'on a souvent imputée au président Mandela alors qu'elle est de l'écrivaine américaine Marianne Williamson[1] – qui nous invite à nous libérer de notre peur la plus profonde, celle d'oser assumer notre puissance et notre lumière. « C'est notre propre lumière et non notre obscurité qui nous effraie le plus. » Le lien me semble concluant.

1. Marianne Williamson, *Un Retour à l'amour. Réflexions sur les principes énoncés dans* Un Cours sur les miracles, Paris, J'ai lu, 1992.

Le paradoxe est que cette *force invisible* se voit tantôt attribuée aux ressources internes de la personne, confrontée à une situation de danger, tantôt à une aide extérieure à soi, un invisible, un ange gardien par exemple. Admettons que, sans doute, les deux sont liés, puisqu'on ne peut séparer le visible de l'invisible, ni l'intériorité de l'extériorité, l'intéressant est donc que *la force invisible* se manifeste lorsque la personne se sent vulnérable, extrêmement vulnérable.

Existerait-il une force de la vulnérabilité ?

Jean de La Fontaine a répondu à sa manière, avec la fable *Le Chêne et le Roseau.* La véritable force ne se trouve pas où on le pense généralement.

*

C'est ce que Bernard Martino, déjà cité, démontre dans ses C*hants de l'invisible*, lorsqu'il raconte sa rencontre avec maître Aoki, fondateur, au Japon, du shintaido, qui l'a initié à une force qui ne vient pas de la volonté, en lui expliquant : « Quand on essaie de faire quelque chose… Instinctivement, on y met de la force, on affirme sa volonté, on est fier d'y parvenir… Mais le résultat, vu de l'extérieur, est assez laid… En fait, ce qu'il faut, c'est s'unir avec l'énergie de la nature, de l'univers. S'anéantir totalement… Se dépouiller de tout sentiment de force ou d'artifice... Arriver à zéro... Il faut être comme des herbes dans le vent... Il faut descendre à l'intérieur de soi... Tout au fond... Devenir de plus en plus petit... Jusqu'au point de disparaître[1]... »

Cette expérience, lui-même l'a vécue alors qu'il traversait une réserve d'Indiens dans le Dakota du Sud, en compagnie de son épouse Sophia et d'une jeune Sioux de quatorze ans, Carmen. Quelques bisons broutaient de chaque côté de la route, quand, soudain, Bernard en a découvert un plus gros que les autres. Il a arrêté le véhicule avec l'intention de le photographier et est sorti de l'engin.

« J'entendis vaguement, très loin, ma femme me prier instamment de remonter dans la voiture, mais je m'en éloignais au contraire et, à partir de là, je perdis contact avec notre réalité et pénétrai dans une dimension où Sophia, Carmen et la voiture avaient disparu, ne restaient plus que le bison et moi, rapporte-t-il. Je m'approchai de lui et pénétrai dans le pré, tout en continuant de le photographier, il était peut-être à dix mètres de moi et continuait à brouter paisiblement. J'avançais sans aucune peur, sans aucune tension, le corps détendu. Dans mon viseur, l'animal devenait de plus en plus gros. Pour finir, je mis un genou à terre à moins de deux mètres

1. Martino, *op. cit.*

de la tête du bison et je pris une dernière photo, un très gros plan. Le déclic lui fit lever la tête vers moi : il me regarda immobile. Je le regardai aussi, je soutins son regard, pourrait-on dire. J'en tremble aujourd'hui en pensant que s'il m'avait chargé j'étais mort, mais sur le coup je n'eus absolument aucune crainte, j'avais l'esprit totalement vide, j'étais devenu *zéro*, comme le dit Aoki. Après un *instant d'éternité*, le bison se remit à brouter comme s'il me jugeait quantité négligeable et, tranquillement, je revins à la voiture[1]. »

Bernard Martino se demande dans son livre si ce n'est pas vers cette sorte d'état d'abandon total, de non-vouloir absolu, qu'Aoki cherche à entraîner ses élèves quand il leur propose « Wakame-taïso[2] » l'exercice de l'algue. Aoki leur enseignait que la vraie force n'est pas là où on la cherche.

*

Ces deux exemples – *Le Chêne et le Roseau* et l'exercice de l'algue de maître Aoki – ont en commun de montrer que la force ne consiste pas à résister, mais, au contraire, à *épouser* le vent,

1. *Ibid.*, p. 39.

2. Nom donné à un exercice de méditation avec un partenaire. Pendant que l'un prétend être devenu une algue, l'autre s'imagine faire partie d'un courant océanique. Cet exercice conduit à une compréhension profonde de soi-même comme corps d'énergie et de la communication profonde que l'on peut établir avec son partenaire.

c'est-à-dire l'énergie, le mouvement. C'est dans l'abandon à ce qui est là, présent, dans le lâcher-prise de la volonté, des facultés mentales, que quelque chose s'opère.

Florian, dans l'eau glacée de l'océan, à bout de forces, s'est laissé porter par les vagues au lieu de lutter. Cet abandon, doublé d'une intention de vivre, est-il pour quelque chose dans sa survie ?

11

Percevoir au-delà du visible

Lorsque je rencontre Sylvain Groud, chorégraphe[1] qui, depuis dix ans, intervient dans un établissement pour personnes âgées dépendantes, j'évoque avec lui l'élaboration de ce livre et le fait que je me laisse guider, jour après jour, par *ma bande d'invisibles*.

Sa première réaction est de me dire que *la posture* dans laquelle je me mets ressemble à celle qu'il adopte lorsqu'il va à l'hôpital. Un bénévolat auquel il tient non par altruisme, mais parce que le fascine

1. Sylvain Groud, artiste et chorégraphe, dirige le ballet du Nord, Centre chorégraphique national de Roubaix-Hauts de France. Il y déploie « CCN et vous ! », projet artistique qui souhaite rendre accessible l'art chorégraphique au plus grand nombre. Sylvain Groud est aussi intervenu pendant onze ans au CHU de Rouen, a créé plusieurs pièces à l'hôpital, dont *Chambre 209*, qui traite de la fin de vie. Il intervient désormais à l'hôpital de Roubaix.

ce qui se joue entre lui et la personne abîmée et vulnérable qui l'accueille dans sa chambre de malade. « C'est une posture de confiance. Confiance dans l'accueil qu'on me fera et dans l'enrichissement de la rencontre avec l'autre. »

Sylvain arrive sans aucun projet préétabli. Les pas de danse, les gestes gracieux qu'il va accomplir, tout se construit dans l'instant. « Quand je me présente dans un service, je remets le compteur de mon savoir à zéro, m'explique-t-il. Je réapprends. Je suis dans un processus de création continue. Je ne me mets aucune pression. Les rencontres me guident, je me laisse appeler, j'obéis à ce qui vient à moi. »

Ces mots me rappellent ceux que j'ai entendus tant de fois chez ceux qui me parlent de leur rapport à l'invisible. Un rapport de confiance et d'abandon.

En partant du principe que nous ne pouvons tout voir, tout maîtriser, tout contrôler, nous avons de grandes chances de nous ouvrir à ce qui est au fond de nous, au-delà de nous, à ce qui est invisible. On apprend alors peu à peu à faire confiance à quelque chose de profond en soi, ou à des forces protectrices. On apprend à s'abandonner à ce qui est, à accepter les événements comme ils viennent.

Interrogé sur ce que représente l'*invisible* pour lui, en tant que danseur, Sylvain répond : « C'est un espace, l'espace qui existe en ce moment entre nous, entre nos deux plexus, un espace en suspension, un espace de présence. L'invisible, c'est ce qui fait lien, ce qui relie. C'est ce qui fait contact. »

Il avoue même ressentir une certaine émotion en racontant cette sensation, n'ayant pas l'habitude de parler de *ça* ! Et de continuer en confiant que c'est ce qu'il va chercher à l'hôpital, auprès d'une personne âgée. « Plus cette personne est dans un état déprécié, plus j'ai envie de révéler la beauté de cet invisible. Plus on me parle négativement de quelqu'un, en annonçant qu'il a perdu la tête ou est violent, plus je sais qu'il *me révélera cet invisible*, ce quelque chose qui va circuler entre nous, de lui à moi, de moi à lui. »

Je comprends que Sylvain parle de ce qu'il éprouve, une sensation sur laquelle il peine à mettre des mots. Mais plus je l'écoute, plus je comprends que lorsqu'il est en posture d'accueil et de confiance lors de la rencontre improbable avec une personne diminuée, il capte *quelque chose du désir farouche de reverticalisation* de celle-ci.

« Quand les soignants s'occupent du corps mourant, moi je m'occupe du corps de désir », révèle-t-il.

*

Une rencontre aussi fascinante qu'étrange avec un couple de vieux, couchés dans un immense lit, immobiles l'un et l'autre, l'a marqué. Il crut découvrir des gisants lorsqu'il est entré dans leur pièce nimbée de pénombre. Il ébauche alors un mouvement de danse, ouvre tous ses sens pour capter la moindre réaction. Après un moment, un changement s'opère. Il voit le couple se redresser, se mettre à chanter.

Les soignants qui observent la scène perçoivent chez ces personnes âgées une vitalité qui avait disparu, une joie ré-amorcée.

C'est cela, l'*invisible*, pour lui : ce qui se passe dans la rencontre entre une amorce et une réponse. Et Sylvain de préciser que ce n'est pas mystique, mais très matériel. « C'est lié aux sens, au désir d'être relié à l'autre. »

S'agit-il d'une énergie, mot un peu fourre-tout, dont je sens qu'il se méfie ? Lui préfère évoquer « ce qu'il y a entre ». C'est pourquoi une de ses chorégraphies s'intitule *Between*. Pense-t-il incarner l'énergie que cet homme et cette femme ont en eux et ne peuvent plus exprimer ? Leur désir enfoui, que Sylvain manifeste par ses gestes, ses mouvements ? Il me répond qu'il se « branche ». « Je me *plugge* ! Et je laisse mon corps parler. »

Nous convenons qu'il est fort difficile de parler de cet invisible-là. Parce qu'il n'est pas de l'ordre du *compréhensible*. Autrement dit, peine perdue d'essayer de le comprendre. Il se vit, c'est tout. « Quelle humilité il faut ! On ne peut rien prétendre ! » dit-il.

Depuis qu'il danse, dès que le rideau s'ouvre, Sylvain fait le deuil de la manière dont sa performance va être reçue. « Chaque spectateur a la responsabilité de s'emparer de ce que j'offre et d'en faire ce qu'il veut. » Est-ce un deuil de l'ego ? Il confirme que, pour accueillir l'invisible, mieux vaut en effet s'y résoudre.

Le chorégraphe illustre magnifiquement ce que Jung entend par *être dans le Soi*, le principe d'unité qui relie les êtres, la non-dualité. On ne peut être dans le Soi sans faire le deuil du Moi, de l'Ego.

Sylvain Groud a aussi travaillé avec des handicapés physiques et mentaux, et nombre de ses confrères danseurs se demandent comment il fait. Lui explique se sentir en sécurité avec eux. Il ne cherche pas un résultat, ne se *produit* pas.

Je devine qu'il n'a pas peur d'entrer dans le champ de la vulnérabilité, car il donne la sienne en priorité. « La première chose que je sens en entrant dans la chambre, c'est que j'ai aussi peur que l'autre, et que je ne comprends pas plus que lui la situation. En fait, comme nous ne nous protégeons pas, nous sommes dans un don réciproque. »

En quittant ce danseur chorégraphe humaniste, je pense à mes années d'accompagnement des mourants, à l'importance que nous accordions au tact, à la rencontre avec la personne vulnérable à travers le toucher. Une rencontre qui ne peut se faire que si l'on *perçoit au-delà du visible*. Sylvain ne cesse de songer à cet au-delà.

*

Plus tard, lors d'une signature à la librairie d'Autun, je rencontre Blaise d'Harcourt[1], qui forme des soignants et du personnel d'encadrement à *la relation humaine dans le soin de la personne âgée*.

Sur la plaquette de sa formation, je lis : « Madame M., 93 ans, attend Noémia, son aide à domicile, avec une tristesse inhabituelle dans les yeux. Dès son arrivée Noémia regarde Mme M. avec attention, s'accroupit auprès d'elle et attend en silence que la vieille dame engage la conversation. "Vous savez, Noémia, j'existe à vos yeux", dit-elle avec une certaine émotion. »

La plaquette porte en exergue la phrase d'Alphonse Karr : « Il y a un moment où deux regards qui se rencontrent se touchent. »

1. Blaise d'Harcourt est fondateur de Dilectus Formation et Conseils et a été trois ans directeur d'une résidence service sénior.

Tout au long de ma carrière de psychologue, je me suis intéressée à ceux qui forment les soignants à la dimension humaine du soin. Le patient n'est pas un objet de soin, mais une personne. Il s'agit de la rencontrer à travers le soin. Cela implique d'aller, de *percevoir au-delà du visible*.

Nombreux sont ceux qui s'engagent dans cette voie remarquable avec l'objectif de former des soignants à contre-courant, aux antipodes des personnels secs, durs, dénoncés parfois. Dans notre monde techno-centré, où l'on se doit d'être rentable, d'effectuer des gestes techniques sans perdre de temps, prendre le temps de s'asseoir auprès d'un malade, de le regarder avant de lui poser une perfusion ou de le mettre au fauteuil, ne va pas de soi, mais certains ne veulent pas se résoudre à une telle indifférence, à tant d'inhumanité.

Annie de Vivie est de ces belles consciences. Elle a consacré toute sa carrière à la promotion de l'*humanitude*[1]. Jean-Louis Terrangle aussi, qui défend l'*humanisation des soins*[2]. Tous deux sont des pionniers dans ce domaine.

1. L'humanitude est une philosophie et une méthodologie de soins – basée sur le regard, le toucher, l'approche humaine de la personne – mises au point par Yves Gineste et Rosette Marescotti. Aujourd'hui un certain nombre d'Ehpad forment leurs soignants à cette approche.

2. L'association Pour l'humanisation des soins a été créée sur l'initiative de Jean-Louis Terrangle et moi-même, tous deux fortement engagés auprès de jeunes atteints du sida. Dès le début de l'épidémie, dans les années 1980, nous avons été touchés par ces personnes qui avaient soif de bienveillance et de respect.

C'est évidemment la question du tact qui est posée. *Le tact, cette qualité invisible.*

Autant on peut regarder une main se poser sur une épaule ou sur une autre main, autant la qualité du toucher ne se voit pas. Car le tact implique ce que Merleau-Ponty appelle « le prolongement miraculeux du corps », c'est-à-dire la mise en œuvre de la perception au-delà de soi, de l'*hapsis*[1].

C'est Frans Veldman, le fondateur de l'haptonomie[2], qui m'a initiée à la faculté que nous avons de *percevoir au-delà* de nous et de dilater notre espace. Le contact que nous établissons avec les autres est très différent selon que nous restons à l'intérieur de nous-mêmes, repliés, ou que nous ouvrons notre espace à l'autre, en utilisant notre *hapsis*. Veldman qualifie ce contact de *psychotactile*.

Celui-ci n'a rien à voir avec l'emprise, il ne prend ni ne désire. C'est un contact qui se contente d'être là, présent, inspiré par la *philia*, une qualité d'amour sans parti pris, sans préjugé, donnant ni plus ni moins que ce qui est nécessaire, laissant libre. Un contact qui *confirme* autrui dans son existence et son essence.

1. La notion d'*hapsis* signifie en grec classique « le sentiment, le tact et la sensation », au sens de sentir, ressentir, émouvoir et de « toucher » intérieurement, d'affecter.

2. Science de l'affectivité qui explore la façon dont le toucher permet d'établir des contacts affectifs sécurisants entre les humains.

L'*hapsis* est donc une faculté que nous possédons tous. Chacun, nous avons la capacité de nous *prolonger* chez l'autre, de faire corps avec lui, mais aussi de nous prolonger dans l'espace, ce qui peut donner le sentiment d'une communion avec l'autre ou la nature. Dans nos civilisations modernes numériques, caractérisées par une pauvreté du tact, nous sommes devenus haptophobes, nous avons peur du contact, et le fléau de la solitude et de l'isolement trouve là sa racine.

Dans un article sur le rapport de l'homme âgé à l'espace[1], j'ai évoqué cette capacité humaine de nous *prolonger dans l'espace*. Capacité que découvrent parfois les personnes vulnérables.

Et je me suis interrogée sur l'espace d'une personne âgée qui ne peut se déplacer. Est-il nécessairement restreint ? Appauvri, limité à la chambre, au lit ? Le philosophe Robert Misrahi introduit l'idée que l'espace matériellement réduit peut être « poétiquement transfiguré ». C'est ce que j'ai découvert en traduisant l'ouvrage de Mitch Albom, *La Dernière Leçon*, sur la trajectoire d'un vieux professeur d'université atteint de la SLA, la maladie de Charcot, un mal qui induit une paralysie progressive de tous

1. Marie de Hennezel, « De l'espace extérieur à l'espace intérieur », dans *Penser l'espace pour lire la vieillesse*, Paris, Fondation ESAI, 2006, p. 145-148.

les muscles[1]. Morrie, le vieil homme, lucide quant à ce qui l'attend, décide de faire de sa lente dégradation une leçon de vie, une leçon de conversion, au sens où l'entend Robert Misrahi. Ainsi, la vieillesse pour lui n'est pas une chute, mais une croissance. C'est pourquoi il peut « la prendre à bras-le-corps », s'en saisir afin de la vivre pleinement. Certes, il est cloué sur son fauteuil, de moins en moins mobile et, bientôt, il aura besoin de quelqu'un pour le transporter de son lit au fauteuil, répondre à ses besoins les plus intimes. Mais devant le rétrécissement inéluctable et douloureux de son espace, il a appris à *dilater celui-ci*, à percevoir finement tout ce qui est au-delà de lui, dans un mouvement intérieur qui fait penser au fameux « prolongement miraculeux du corps » chez Merleau-Ponty.

Si le vieux Morrie affirme vivre si bien sa dépendance, c'est qu'il sait, au moment des soins, plutôt que se refermer sur le ressentiment d'avoir perdu sa dignité, *confier* avec grâce son corps aux mains des autres. Il sait s'abandonner, c'est-à-dire utiliser son *hapsis* afin d'accueillir l'autre, se couler dans le contact qu'offrent les bras, les mains, le corps des soignantes. Il dit alors « retrouver le chemin très ancien » de ce que nous avons tous éprouvé lorsque nous étions des nourrissons dépendants.

1. Mitch Albom, *La Dernière Leçon*, traduction de Marie de Hennezel, Paris, Pocket, 2004.

Un plaisir inscrit dans la peau, puisque la peau a une mémoire.

Depuis la découverte de ce texte, je n'ai cessé d'alerter sur l'importance de solliciter chez les plus vulnérables leur capacité de *prolongement tactile*. Car c'est ainsi que l'on peut éprouver un sentiment de proximité humaine, une *nostrité aimante* qui restitue à l'autre une sécurité et une dignité qu'il a, peut-être, le sentiment d'avoir perdues.

*

Alors que la crise sanitaire – dont on semble sortir lorsque je finis ce livre – a interdit de nous toucher les uns les autres, de nous *confirmer affectivement* les uns les autres, j'aimerais vous parler du passage d'un livre qui m'a beaucoup émue. C'était il y a bien longtemps, à une période où je prenais dans mes bras les mourants, sentant qu'il s'agissait de la seule façon d'apaiser leur angoisse, au seuil de la mort.

Dans ce texte, Laurens van der Post raconte son expérience de prisonnier des Japonais pendant la guerre et comment il assistait, impuissant, à l'exécution de certains de ses camarades. Durant l'une d'elles, il aide spontanément son voisin, autre témoin de cette scène sanglante. « Alors que je passais mon bras autour de Horobin, un étranger, pour le soutenir, je ressentis, à mon grand étonnement, combien il m'était proche. Il semblait ne plus y avoir de barrière entre nous ; nous aurions pu *être la même personne dans la même peau* ; et malgré les effroyables circonstances du moment, une chaleur et une assurance fantastique montèrent en moi. Tout sentiment d'isolement, tout mon *moi* à la recherche de *soi*, sans repos toujours, mon vécu désespéré de déclin et de solitude d'homme du XXe siècle s'étaient évanouis. J'étais hors de tout cela, en un éclair, et bien au-delà, dans un monde de proximité inséparable. Je le savais, c'était vrai : cette proximité de lui à moi, de moi à lui, c'était le cœur de la réalité. C'était de cette manière que nous serions tous proches les uns des autres, si nous nous permettions seulement d'être ainsi[1]. »

La perception des ostéopathes (en général ceux formés à l'ostéopathie crânienne ou biodynamique) m'a toujours fascinée. J'en connais qui ressentent, par exemple, ce qui se passe au niveau de l'articulation de votre genou, alors que votre crâne est tranquillement posé dans la paume de leurs mains. Comment est-ce possible ?

J'ai sollicité mon fils Jean, qui exerce cette discipline à Whangarei, en Nouvelle-Zélande. Lorsqu'il

1. Laurens Van der Post, *Venture to the Interior*, New York, Compass Book, 1961.

tient la tête d'un patient entre les mains et diagnostique un dysfonctionnement dans une autre partie du corps, s'agit-il de percevoir l'invisible ? À ce mot il réagit et m'explique qu'enfant, il reliait l'invisible à tout ce qu'il ne pouvait pas comprendre, tout ce à quoi il n'avait pas accès, la mort, les fantômes, les anges, les pouvoirs magiques. Cela lui faisait peur. Puis, en grandissant et avec les connaissances acquises en physique, en anatomie, en chimie, il a développé une vision différente de l'invisible. « L'infiniment petit, l'intérieur du corps, tout cela fait partie de l'invisible. Ce à quoi je n'ai pas accès avec la vue, ce dont je ne peux pas faire l'expérience, existe pourtant. Donc l'invisible existe. » Il m'assure que c'est une forme du vivant qu'il ne perçoit pas avec ses cinq sens, certes, mais qu'il pourrait sentir s'il développait ses sens : « Il va sans dire que l'invisible aujourd'hui ne me fait plus peur du tout[1]. »

Jean, avec son expérience et ce que sa compréhension scientifique lui permet de faire, a ainsi amélioré, poussé la finesse de son sens du toucher à un niveau auquel la plupart d'entre nous ne parviennent pas. Comme l'œnologue est capable, avec l'odorat et le goût, de reconnaître le nom et l'année

1. Jean de Hennezel, ostéopathe en Nouvelle-Zélande, a été formé à l'ESO, European School of Osteopathy Clinic, l'une des meilleures formations en Europe. Il est directeur du Pont Clinic à Whangarei.

du vin. Comme les aveugles parviennent à « voir » en développant leur sens du toucher.

Il me confirme s'être entraîné à développer ce sens particulier du toucher, et qu'avec le temps il est maintenant capable de sentir ce qu'il ne pouvait pas éprouver auparavant. « Des choses qui sont de l'ordre de l'inconnu, mais qui sont devenues réelles pour moi », dit-il. Une faculté qui, à ses yeux, peut encore s'améliorer, énormément se développer même puisqu'il n'en est qu'au début.

Il m'explique qu'à partir du moment où il est en contact avec son patient, nombre d'informations, qu'il n'est d'ailleurs pas capable d'identifier, arrivent à son cerveau : « Comme si nos intelligences internes communiquaient, sur des longueurs d'onde subconscientes. Ces informations rebondissent sur le mur de ma raison. Tout le travail pour me mettre à l'écoute profonde du patient consiste à maintenir le contact avec lui, avec son corps, et à m'oublier moi-même. Je me mets en retrait des informations rationnelles qui viennent à ma pensée afin d'être disponible, en état de réceptivité, dans un calme intérieur, un silence, dans une sorte de *non-savoir*. C'est une forme de méditation. Alors je sens plus subtilement l'intérieur du corps, non seulement l'ossature, les muscles, les ligaments, les fascias, mais aussi le système nerveux et ce que les ostéopathes appellent le mécanisme de respiration primaire. Lorsque l'on est vraiment présent dans le contact, dans la perception, lorsqu'on ne mentalise pas, on sent tout simplement », conclut-il.

En l'écoutant, je ne peux m'empêcher de songer à ce que nous, les psychanalystes, appelons *l'attention flottante*[1], qui ne fait pas le tri parmi les informations données par le patient puisque celui-ci a pour consigne de dire *tout ce qui lui vient à l'esprit.* Grâce à elle émerge, chez le patient, un savoir dont lui-même ignorait l'existence.

Il y aurait une ostéopathie capable d'écouter le corps, comme l'analyste écoute l'inconscient. Nous sommes loin d'une ostéopathie réduite à des manipulations d'articulations ou de vertèbres.

Pour mieux me faire comprendre que l'invisible est dans la continuité du visible, mon fils fait appel à l'image d'un escalier. « La plupart des gens ne voient que les premières marches. Pourtant l'escalier

1. Sigmund Freud, *La Technique analytique*, Paris, PUF, 2013 : « D'après elle [cette technique] nous ne devons attacher d'importance particulière à rien de ce que nous entendons et il convient que nous prêtions à tout la même attention "flottante" [*gleichschwebende Aufmerksamkeit* ; *schwebend* : "planant" !], suivant l'expression que j'ai adoptée. On économise ainsi un effort d'attention qu'on ne saurait maintenir quotidiennement des heures durant, l'on échappe ainsi au danger inséparable de toute attention voulue, celui de choisir parmi les matériaux fournis. C'est en effet ce qui arrive quand on fixe à dessein son attention ; l'analyste grave en sa mémoire tel point qui le frappe, en élimine tel autre et ce choix est dicté par des expectatives ou des tendances. C'est justement ce qu'il faut éviter ; en conformant son choix à son expectative, on court le risque de ne trouver que ce que l'on savait d'avance. En obéissant à ses propres inclinations, le praticien falsifie tout ce qui lui est offert » (p. 62).

continue au-delà. Ainsi, tout est question d'entraînement. Il faut s'exercer à voir, sentir au-delà, affiner sa perception, se prolonger dans le contact. Nous en avons la capacité. Pour poursuivre la métaphore, voir un peu plus haut, voir les marches suivantes n'a rien de paranormal. C'est toujours le même escalier[1]. »

Intriguée par la similitude que je décèle entre la pratique ostéopathique de Jean et ce que je connais de la psychanalyse, je lui demande si sa perception peut aller au-delà du corps. Autrement dit, arrive-t-il à sentir ce qui se produit dans la psyché de son patient ? Car j'ai l'impression qu'il se connecte sur la longueur d'onde de celui-ci et lui restitue des choses qu'il sait, mais ne sait pas qu'il sait.

Jean me répond qu'il ne fait pas cela avec tous. La plupart du temps, les patients viennent pour un problème technique, qui se résout par une manipulation simple. Mais parfois, avec des personnes qui se sentent simplement en perte d'énergie et ignorent pourquoi, il me confie qu'il se met en état de réceptivité, dans une présence vaste, les mains en contact avec le crâne. Et que lui viennent alors des images ou des mots. Or ces images, ces mots, le ton de sa voix peut-être aussi, résonnent fort, ont manifestement un

1. Entretien avec Jean de Hennezel, le 20 février 2021.

sens pour le patient. « Il arrive qu'il ait une émotion, qu'il pleure », ajoute-t-il.

Voici quelques années, une de mes amies a consulté mon fils, lors d'un séjour qu'il faisait en France. Et m'a raconté son expérience.

Alors qu'il était à l'écoute de son corps, son crâne entre les mains, il lui a fait part, au bout d'un temps assez long, d'une image. Celle d'un objet qu'il a associé à la Nouvelle-Zélande et qui semblait avoir un lien avec l'épuisement dont se plaignait sa patiente. Celle-ci fut stupéfaite car elle s'était débarrassée récemment d'une statuette appartenant à sa grand-mère néo-zélandaise, pièce que sa mère lui avait offerte. Pourquoi ? Parce que, les derniers temps, cette figurine noire aux yeux perçants couleur émeraude, qui reposait sur une étagère de sa maison de campagne, la mettait mal à l'aise. Elle avait donc décidé de la rendre à son milieu d'origine, la forêt, était partie en voiture vers un bois voisin quand, prise d'une peur panique incompréhensible, elle avait littéralement *balancé* l'objet indésirable par la vitre.

En confiant cela à Jean, mon amie s'était rendu compte qu'elle n'aurait pas dû agir ainsi, et que, parce qu'elle n'avait pas la conscience tranquille, l'objet continuait, en fait, à la hanter. C'était de toute évidence un objet rituel maori, qui vraisemblablement signifiait beaucoup pour sa grand-mère.

Mon amie se sentait un peu coupable. Il aurait sans doute fallu qu'elle se sépare du cadeau d'une manière *plus respectueuse, plus juste* ! Qu'elle explique à la statuette les raisons pour lesquelles elle souhaitait s'en défaire, puis qu'elle creuse un trou dans la terre, accompagné d'un petit rituel comme le font les enfants lorsqu'ils enterrent un oiseau mort. En parlant avec Jean, elle avait compris que les objets sont porteurs d'une certaine énergie, surtout lorsqu'ils ont une signification affective. Les poètes n'ont-ils pas souvent évoqué *l'âme des objets*[1] ?

À la suite de la séance, mon amie s'est mise à méditer et à demander intérieurement à sa grand-mère de la libérer de ce poids inconscient. Et les choses sont rentrées dans l'ordre.

1. Alphonse de Lamartine : « Objets inanimés, avez-vous donc une âme qui s'attache à notre âme et la force d'aimer ? »

12

La grande ruche d'or de l'invisible

« Nous sommes les abeilles de l'invisible. Nous butinons éperdument le miel du visible pour l'accumuler dans la grande ruche d'or de l'invisible[1] », écrit le poète Rainer Maria Rilke.

Mais qu'est-ce que *butiner le visible*, sinon aimer ? Qu'est-ce que *la grande ruche d'or*, sinon le réservoir magnifique de toutes les pensées et actes d'amour de l'humanité ?

*

C'est aussi l'avis de mon ami Patrick Viveret[2], une sorte d'ovni dans le monde si aride des finances

1. Cité dans *La Chaleur du cœur empêche nos corps de rouiller*, *op. cit.*
2. Patrick Viveret est un philosophe et essayiste altermondialiste, conseiller honoraire à la Cour des comptes. Michel Rocard, Premier

publiques. Le jour où je lui ai parlé de ce livre sur le lien que les êtres humains entretiennent avec l'invisible, il m'a cité immédiatement la célèbre phrase d'Antoine de Saint-Exupéry. « L'essentiel est invisible pour les yeux. On ne voit bien qu'avec le cœur. » Une phrase qui a joué et joue toujours un rôle essentiel dans sa vie, comme il me le confie lors d'un déjeuner, ajoutant avoir eu plusieurs fois l'occasion d'en vérifier la pertinence au cours de sa vie.

Dans sa vie personnelle, ce qui compte le plus n'est pas défini par le regard extérieur, mais par le regard intérieur qu'il découvre lorsqu'il laisse monter en lui ce que son *être profond* lui indique, « ce que l'on a coutume justement de désigner par la voix du cœur ». Il ferme les yeux et considère ce qui est essentiel : l'amour des êtres qui lui sont le plus chers, de toute évidence. « La gloire, le pouvoir, l'argent me paraissent dérisoires au regard de cet enjeu-là. » Michel Rocard était incroyable d'avoir confié à cet homme-là une mission sur les « nouveaux fondements de la richesse » !

Patrick précise que lorsqu'il a conduit cette mission, il s'est interrogé sur les notions de valeur

---

ministre, lui avait confié une mission interministérielle sur « l'évaluation des politiques publiques » et un rapport sur « les nouveaux fondements de richesse ». Il a cofondé les rencontres internationales « Dialogues en humanité » ainsi que le collectif Roosevelt et l'observatoire de la décision publique.

et de richesse. Si l'on redonne à ces deux termes leur sens originel, celui de *force de vie* pour la valeur et de *puissance créatrice* (et non dominatrice) pour la richesse, c'est bien la même réponse qui apparaît, m'explique-t-il. L'essentiel est donc ce qui donne de la force de vie et de la puissance créatrice. Il a questionné à plusieurs reprises des publics divers afin d'apprendre ce qui comptait le plus pour eux : l'amour, le bonheur, le sens, la beauté… arrivent, comme pour lui, loin devant l'argent, le pouvoir ou la gloire.

Pour Patrick Veret, plus ces éléments sont importants, moins ils sont quantifiables. « Il suffit d'examiner ce qu'il se passe quand nous en sommes privés. Pour autant ils ne sont pas mesurables. » Et d'ajouter que toute richesse humaine ou naturelle qui ne s'exprime pas pécuniairement va devenir *invisible.* Comme le bénévolat. Alors que certaines activités destructrices pourront être considérées comme positives, à partir du moment où elles sont créatrices de flux monétaires : la drogue, les ventes d'armes, aussi dangereuses soient-elles pour les humains ou la nature. Ce qui lui paraît aberrant.

*

Quelque temps plus tard, j'aborde le sujet de l'*invisible* avec Noël, un retraité du tourisme installé à Cannes qui a entrepris des études de philosophie et théologie. Il cite par cœur *Le Petit Prince* d'Antoine de Saint-Exupéry, et me dit que, pour lui aussi, *l'essentiel est invisible pour les yeux.*

Noël va plus loin que Patrick Viveret en me faisant remarquer que l'amour reste un immense mystère. On peut essayer d'expliquer l'amour-Éros par une attraction chimique, olfactive, l'amour d'amitié ou l'amour familial par le lien d'attachement qui se crée avec les proches, la capacité à s'identifier à l'autre auquel on veut du bien (le *ti voglio bene* italien), mais cela ne permet en rien de comprendre ce qui survient dans l'attachement intime à l'autre, dans le souci de l'autre, dans le fait que l'on *perde du temps* pour l'autre.

La clé de l'amour est dans cette phrase du petit prince : « Ma rose à moi, un passant ordinaire croirait qu'elle vous ressemble. Mais à elle seule elle est plus importante que vous toutes, puisque c'est elle que j'ai arrosée. Puisque c'est elle que j'ai abritée par le paravent. Puisque c'est elle dont j'ai tué les chenilles (sauf les deux ou trois pour les papillons). Puisque c'est elle que j'ai écoutée se plaindre, ou se vanter, ou même quelquefois se taire. Puisque c'est ma rose. » Et dans la réponse du renard : « C'est le temps que tu as perdu pour ta rose qui fait ta rose si importante. »

Noël poursuit l'échange sur cette énigme qu'est l'amour ; on ne peut l'expliquer rationnellement, on peine à le définir, mais on a cette force d'aller au-delà de soi, cette capacité à s'émerveiller, à se donner, à s'abandonner. Pourquoi ?

*

« Le mystère de l'amour est plus grand que le mystère de la mort. » Cette phrase d'Oscar Wilde me fait songer aux mots d'amour que les mourants balbutient avant de pousser leur dernier souffle et à ce cri poignant de Jacques Decour, quelques jours avant d'être fusillé : « C'est bien le moment de nous souvenir de l'amour. Avons-nous assez aimé ? Avons-nous passé plusieurs heures par jour à nous émerveiller des autres hommes, à être heureux ensemble, à sentir le prix du contact, le poids et la valeur des mains, des yeux, des corps ? Savons-nous encore bien nous consacrer à la tendresse ? Il est temps, avant de disparaître dans le tremblement d'une terre sans espoir, d'être tout entier et définitivement amour, tendresse, amitié, parce qu'il n'y a pas autre chose. Il faut jurer de ne plus songer qu'à aimer, aimer, ouvrir l'âme et les mains, regarder avec le meilleur de nos yeux, serrer ce qu'on aime contre soi, marcher sans angoisse en rayonnant de tendresse[1]. »

Comment comprendre qu'au seuil de la mort, l'amour l'emporte sur la peur de l'inconnu ? Que

1. J'ai cité ce texte dans *L'Âge, le Désir et l'Amour*, *op. cit.*

l'on puisse donner sa vie pour ceux qu'on aime ? Mystère insondable. Comme l'invisible, on ne peut le comprendre, mais il fait signe. Ce que nous voyons, ce sont les signes de l'amour, les actes d'amour, mais l'amour ?

Je relis alors avec émotion ce texte de Gilles Tiberghien : « Cet amour est un secret, visible pourtant aux yeux de tous. Qu'il s'agisse d'amour, c'est évident, mais *ce* qu'il est, personne ne le sait, pas même nous, sans doute… Pas de sujet plus commun, plus rebattu que l'amour. Et néanmoins de quoi parle-t-on quand on en parle ? De tout ce qui n'est pas lui, en fait, de petites histoires périphériques dont se repaît une psychologie de bazar. Mais l'essentiel, cela même qui fonde l'amour ? Personne ne l'atteint, car comment dire un secret sans qu'il cesse de l'être ? L'amour s'épuise à se formuler ; je crois qu'il ne se dit pas, mais qu'il se *fait* seulement et à tous les sens possibles de cette expression[1]. »

Un secret donc, invisible. Que seul le cœur peut *voir*.

Comment cet invisible de l'amour vient-il aux êtres humains ? Les chrétiens répondent qu'il émane de Dieu qui est amour. Mais pour les psychanalystes, la source de l'amour est dans la

1. Gilles Tiberghien, *Aimer*, Paris, Flammarion, 2013, p. 275-276.

relation qui se crée, dès l'origine, *in utero* entre la mère et son enfant, mais aussi entre celui-ci et le père, à travers les contacts tactiles et vocaux que les parents établissent avec lui. Dans le giron de sa mère, l'être en devenir perçoit les mains tendres de ses parents qui communiquent avec lui. Il perçoit leur voix, leur *je t'aime*. Cette relation se poursuit après la naissance, lorsque la vie si vulnérable du petit dépend entièrement de l'autre. L'amour s'enracine là. Il est planté au cœur de l'humain. Et l'humain n'aura de cesse de retrouver la plénitude, la joie de l'abandon, de la communion avec autrui.

Mais le réel de la vie, avec ses contraintes, ses frustrations, ses violences, s'oppose à l'amour, et oblige les humains à une quête insatiable d'amour. Nostalgie du paradis perdu, manque, béance impossible à combler sont à l'origine du désir. Et lorsqu'on *frôle*[1] ne serait-ce qu'un instant cette plénitude perdue, alors le signe de l'amour est la joie.

« L'amour, je ne vois pas ce que cela peut être d'autre que la joie, pas seulement la *joie de vivre,* mais la joie dans un sens plus profond[2]. »

1. L'expression vient de Christiane Singer.
2. Tiberghien, *op. cit.*, p. 276.

13

Créer de l'invisible

Parler de l'*invisible* avec le psychiatre et psychanalyste Philippe Gutton[1] se fait avec tendresse, car derrière le psychanalyste pour qui l'invisible est un sujet des plus théoriques[2], il y a l'artiste. Qui sait que cet homme de quatre-vingt-sept ans, qui a consacré tant d'écrits à l'adolescence et à la sénescence, aime en fait capter la lumière et la douceur invisible de la nature à travers des aquarelles ? Qui sait que Philippe est, aussi, un musicien ?

Dans son salon parisien, il me raconte un jour sa visite, au musée Granet d'Aix-en-Provence, d'une

1. Marie de Hennezel et Philippe Gutton, *Et si vieillir libérait la tendresse…*, Paris, In Press, 2019.

2. Pour Philippe Gutton, l'invisible, c'est le « je », instance qui porte « le sentiment continu d'exister ».

exposition consacrée à Fabienne Verdier[1]. Dont l'œuvre l'intrigue par sa manière d'explorer les liens possibles entre la musique et la peinture, entre les lignes sonores et picturales.

Fabienne Verdier affirme qu'elle peint l'invisible et Philippe m'avoue qu'au début cette déclaration l'a agacé ! « Tous les peintres abstraits disent qu'ils peignent l'invisible ! » grinçait-il, trouvant même le propos un peu prétentieux. Mais il a pris le temps de s'asseoir et de regarder ses tableaux. Et a perçu qu'il y avait, « derrière ces grandes formes allant de gauche à droite », *quelque chose d'autre*. Petit à petit, en s'installant devant les œuvres de l'artiste, il a été pris par une certaine ambiance, très dynamique. Il a senti l'engagement de cette femme, une énergie, son plaisir de peindre aussi. « Elle peint son plaisir de vivre, elle peint sa pulsion de vie. Et tout cela, en effet, est invisible. »

Alors qui peint ?

Au fond, me dit Philippe, « jouer de la musique est aussi l'art d'exprimer l'invisible par du visible. Quand je déchiffre une partition, au piano, je lis du visible. Et ce que je joue est de l'invisible, celui qui écoute ce que je joue capte bien l'au-delà du visible.

1. Fabienne Verdier est une artiste peintre. Le musée Granet a présenté en 2019 une rétrospective de son travail autour de la Chine, du signe, des maîtres flamands, des œuvres nées avec des musiciens. Elle a aussi composé une série sur le vide, *Vide-Vibration*, et une autre sur la montagne Sainte-Victoire.

Mon plaisir est de déchiffrer. Je transforme ce que j'ai devant les yeux en invisible. *Je crée de l'invisible.* »

Alors qui compose ?

L'écriture aussi est une façon de créer l'invisible. J'ai retenu à ce sujet une autre phrase de Rainer Maria Rilke : « Le jour viendra où ma main me sera distante, et quand je lui ordonnerai d'écrire, elle tracera des mots que je n'aurai pas consentis. Le temps de l'autre explication va venir, où les mots se dénoueront, où chaque signification se défera comme un nuage et s'abattra comme de la pluie [...] cette fois-ci, je serai écrit[1]. »

Je serai écrit, dit le poète.

Alors qui écrit ?

*

Frédéric Ferney écrit[2]. Il aime se plonger dans la vie d'un personnage historique dont il se sent obscurément proche. Pour des raisons qu'il ignore souvent, et qu'il découvre en progressant dans son écriture.

1. Rainer Maria Rilke, *Œuvres*, I, Paris, Seuil, 1966, p. 581.

2. Frédéric Ferney a créé et animé une émission littéraire le dimanche matin sur France 5, intitulée « Le Bateau livre », à bord d'une péniche. Il est aussi le mari de mon amie Leili Anvar. Parmi les nombreux ouvrages qu'il a écrits, ses biographies de Blaise Cendrars, Aragon, Oscar Wilde, Churchill et Picasso amoureux m'ont particulièrement passionnée.

« Il y a toujours dans une *vie*, en marge ou à côté de ce qu'on sait (ou de ce qu'on croit savoir), des heures oubliées, des jours, des nuits que le temps efface et que les biographes ignorent. Des zones intouchées, perdues, fugitives. Je mets des mots dessus. Je prospecte, je tire un fil d'or et je brode, c'est beaucoup plus exigeant (casse-gueule) que de redire ce qu'on sait déjà », dit-il.

Dans son travail d'écrivain, il est confronté à l'*invisible,* puisqu'il met des mots sur les silences. « Quand tu fais cela, tu entres en imagination dans la pensée de l'autre, tu essaies de te mettre à sa place, tu es presque en télépathie. C'est une forme de communion[1]. »

« L'*invisible*, c'est donc la porte d'entrée du symbolique », me dit-il. J'aimerais qu'il précise ce qu'il entend par *le symbolique.* Pour lui, « le symbolique est ce qui conspire sous le visible, ce qui fait sens, au-delà des choses. Le mystère même ! »

À l'opposé, il définit le réel comme étant « ce qui défaille, ce qui déçoit, ce qui (se) brise – "ce qui cloche", disait Lacan. Pis : une anomalie, une imperfection, une erreur à corriger. Et pour certains : un voile, une illusion, un théâtre d'ombres. »

Aujourd'hui, ajoute-t-il, « nous sommes devenus des adorateurs effarés du réel (le visible) et des illettrés dans l'ordre symbolique (l'invisible). Mais

1. Entretien avec Frédéric Ferney, le 14 janvier 2021.

quand tout se voit, quand tout s'exhibe, tout est réel, plus rien n'est vrai. Il semble, hélas, qu'on en soit là !

D'une façon plus personnelle, je dirais que l'invisible me renvoie à la question de la vérité qui est obscurément liée à la question du corps féminin, c'est-à-dire du symbolique. »

Qu'il relie le symbolique, donc l'invisible, au féminin, m'intrigue. Je lui suggère d'aller plus loin.

« Par *vérité*, j'entends : ce qui est caché, ce qui se dévoile, ce qui fait un peu mal, ce qu'il ne faut pas dire. Le féminin détient les clés de l'univers symbolique, là où tout est ruse, trompe-l'œil, icône (sainte ou profane), séduction, surprise. C'est un peu le sujet de mon petit livre sur Rodin (*Rodin amoureux*). Ce que le sculpteur, à la fin de sa vie, s'épuise à vouloir saisir dans ses dessins érotiques, ce sont des formes presque fabuleuses, éparses (nuques, toisons, lèvres, seins, fentes, failles, vagins), qu'il caresse de son crayon comme si c'étaient des algues, des étoiles de mer, des méduses épanouies gisant sur le sable. Fragments d'une Ève originaire et immémoriale. Au bas du papier, Rodin écrit *lune*, *coquille* ou *l'amour dort*. C'est ça, le symbolique. Rodin dit d'ailleurs que son secret, c'est de donner des ailes aux cailloux. »

Et Frédéric de conclure : « Un écrivain, c'est précisément quelqu'un qui s'arrache à son sexe, à son règne, et qui peut devenir une femme, un animal, une huître, un caillou, un divan. »

Je pense alors à ce roman d'Erri De Luca[1], dans lequel le personnage qui dit « Je » est un chamois. Et dont une phrase m'a marquée : « Si tu ne deviens pas l'autre, tu ne peux pas écrire. »

De fait, il y a toujours un moment, lorsqu'on écrit, où la plume ne va pas là où on voudrait qu'elle aille. Elle emmène ailleurs, comme si une main invisible avait pris l'ascendant sur celle qui rédige. Combien de romanciers m'ont confirmé ce phénomène. Dit que les personnages de leurs livres ont une forme d'autonomie. Certains auteurs admettent que cela les trouble beaucoup. Moi-même, bien que n'ayant écrit que des essais ou des récits, j'ai l'impression parfois d'être portée plus loin que je ne le veux et, en me relisant, je suis étonnée de ce que je découvre, me demandant qui, en moi, a écrit ceci ou cela !

1. Erri De Luca est un écrivain napolitain qui a obtenu en 2002 le prix Femina étranger pour son livre *Montedidio*, le Prix européen de littérature en 2013, ainsi que le prix Ulysse pour l'ensemble de son œuvre.

14

Le sentiment océanique

La correspondance entre Romain Rolland et Freud à propos du « sentiment océanique[1] » ne cesse, depuis que je l'ai lue, de m'intriguer, me hanter même. L'écrivain français désigne en ces termes le sentiment de faire un avec l'univers. Une sensation d'éternité, de quelque chose sans frontière, sans borne, *océanique.* Pour lui, aucune foi ne s'attache à ce sentiment, aucune assurance de survie au-delà de la mort, c'est un vécu subjectif d'appartenance à la totalité du monde.

Freud répond à Romain Rolland qu'il n'a jamais ressenti cela. « J'avoue une fois encore une grande gêne à travailler sur ces grandeurs à peine saisissables. Seuls les mystiques, les femmes et les poètes

1. L'expression paraît dans un courrier daté du 5 décembre 1927.

font sans doute cette expérience subjective d'un *lien invisible avec l'univers* », écrit-il.

*

Comme je travaille à cette question pour un article que Nicole Fabre m'a commandé pour sa revue de psychanalyse, article que j'intitule « Vieillesse et narcissisme[1] », je replonge dans la question. Mon ambition : défendre l'idée qu'en vieillissant, notre sentiment continu d'exister, notre identité profonde dépendent en grande partie de notre capacité à nous sentir reliés au Tout, à l'âme du monde, à cette « mer de tendresse toute pénétrée d'un soleil invisible[2] ». C'est d'ailleurs la thèse qu'une femme, Lou Andreas-Salomé, a osé défendre face au rationalisme de Freud[3] : le but fondamental de la libido est *l'identification intuitive avec tout* et *la réunification avec tout.*

Pour avancer dans cette réflexion, j'interroge celles et ceux qui connaissent bien les mystiques, les femmes et les poètes, et les convie à me raconter leur lien à l'invisible.

*

1. *Vieillir Amor, Imaginaire et inconscient*, n° 45.
2. L'expression est de Romain Rolland.
3. Andréas-Salomé, *L'Amour du narcissisme*, *op. cit.*

C'est le cas de mon amie franco-iranienne Leili Anvar[1]. Avec elle, j'ai fait l'un des plus beaux voyages de ma vie[2], sur les pas des poètes persans à Shiraz, Yasdr et Ispahan. Je n'oublierai jamais les moments magiques au voisinage des mausolées, lorsqu'assises par terre dans les jardins au milieu des roses, nous l'écoutions réciter en persan et raconter la vie de Saadi, Attar, Hafez, Rumi, grands poètes mystiques.

Je me souviens en particulier de l'après-midi où Leili nous a lu des passages du fameux *Divân*, livre initiatique et divinatoire[3] qui révèle, à ceux qui savent écouter avec leur âme, les secrets spirituels les plus profonds. Les Iraniens qui pratiquent cet art divinatoire posent une question à propos de leur futur, puis ouvrent au hasard l'ouvrage. Le poème qu'ils découvrent est alors interprété pour connaître la réponse à la question. C'est pourquoi les Persans ont donné au texte le surnom de *langue de l'invisible*.

Pour Leili, l'*invisible* est l'énergie qui anime tout ce qui est, mais que nos cinq sens corporels sont impuissants à percevoir, contrairement aux sens spirituels. L'invisible est donc du réel sous forme

1. Leili Anvar, agrégée de lettres, iranologue, journaliste et traductrice, enseigne le farsi et la littérature persane aux Langues orientales. Elle a fait une merveilleuse traduction du *Cantique des oiseaux* d'Attar, une épopée mystique, publiée par Diane de Selliers en 2014.

2. Voyage en Iran organisé par Voyages intérieurs en avril 2017.

3. Ce texte divinatoire a été commenté par Goethe.

d'énergie, perceptible par les *sens de l'âme*, et qui fait signe sans cesse à travers les sens du corps. Un paradoxe intéressant. « L'invisible est imperceptible en soi, mais perceptible par ses manifestations », conclut-elle.

C'est la première fois, durant cette enquête sur l'invisible, que j'entends l'expression *les sens de l'âme*, les sens spirituels.

Il est vrai que, dans notre monde si rationaliste, le mot *âme* a perdu ses lettres de noblesse. Dans l'ouvrage *De l'âme*, François Cheng le reconnaît : celui qui ose se réclamer d'elle prend le risque d'être traité de ringard, de spiritualiste, voire de suppôt des religions, alors qu'il s'agit d'une notion universelle. Elle est la partie la plus intime, la plus secrète de nous, et anime notre corps par sa volonté de vivre et son désir d'être.

« En reconnaissant son âme, chacun retrouve l'unicité de son être, et à un degré plus profond, son unité foncière… L'esprit raisonne, l'âme résonne, l'esprit se meut, l'âme s'émeut, l'esprit communique, l'âme communie[1] », dit l'écrivain.

S'il y a quelque chose, en nous, qui nous relie à l'*invisible*, ce sont bien les *sens de l'âme*.

1. Mohammed Assaoui, François Cheng : « Le temps est venu de réhabiliter l'âme », *Le Figaro*, 27 décembre 2016.

*

Je demande à Leili Anvar de m'éclairer. Mon amie iranienne croit que, si le corps a des organes, l'âme est elle aussi dotée de la capacité de voir, d'entendre, de toucher, de sentir les odeurs et de percevoir les goûts. Tous les grands mystiques en parlent et c'est très clairement abordé dans le soufisme. Elle me donne quelques exemples.

Quand Marie entend l'ange Gabriel, que Jeanne d'Arc entend une voix, un saint ou un prophète perçoivent, eux, un message, ce que les soufis appellent *l'ouïe de l'âme*.

C'est le même phénomène, ajoute Leili, que dans les rêves. Nous pouvons voir et entendre dans nos rêves, alors que nous dormons et que nos yeux sont fermés.

Là où les soufis évoquent les *sens de l'âme*, nous, les psychanalystes, parlons des *sens psychiques*.

Le plus étonnant, reprend Leili Anvar, c'est la manifestation de l'invisible dans les odeurs. Elle me raconte qu'il lui est arrivé de percevoir une *odeur de jasmin* lors d'une prière collective, dans un espace fermé bien loin d'un jardin. Et de n'avoir pas été la seule dans ce cas. Il est vrai que, dans la religion soufie, Dieu se manifeste sous forme de parfum, de rose, de jasmin. Dans cette expérience, Leili reconnaît avoir « senti ce parfum avec son odorat physique, mais que l'odeur elle-même venait d'ailleurs, de *l'invisible*, qui est aussi l'imperceptible, l'inaudible ».

Rappelant que l'on retrouve dans la Bible cette allusion à la présence du divin sous forme d'une brise, elle me confie avoir ressenti quelquefois la perception d'une brise, alors qu'il n'y avait aucune cause rationnelle. Les perceptions spirituelles passent par le corps, toujours. Même l'extase mystique, « c'est la rencontre de l'*invisible* avec la densité du corps ».

Leili évoque alors la statue de sainte Thérèse d'Avila du Bernin. « C'est tellement de la chair ! Cette sculpture est incroyable : Le Bernin pétrit la matière, il donne à voir l'*invisible*, c'est-à-dire le contact de l'âme avec le corps. Finalement, le véritable artiste est celui qui fait la jonction entre le visible et l'invisible. »

Quand je mentionne le fameux *sentiment océanique* devant elle, Leili me raconte avoir entendu un jour un guide spirituel parler de l'âme comme d'une étincelle ou d'une goutte appelée à rejoindre l'océan divin. Ce qui l'a incitée à méditer sur l'image. « Une goutte, ce n'est *rien* et pourtant, une goutte contient le tout. »

Quelque temps plus tard, elle revoit ce maître soufi et lui demande ce qu'il a voulu dire. Il la regarde et répond que lorsque l'on meurt,

« la sensation est exactement celle d'une goutte qui rejoint l'océan ».

« J'ai compris quelle était la nature de l'âme. J'ai ressenti la suavité de cette dissolution. Cette image, désormais, guide ma vie », me confie-t-elle.

Ensuite, elle me fait part d'une très belle interprétation de la Genèse par un mystique persan du IIe siècle, Meybodi. Où il est dit qu'Adam n'est pas chassé du paradis. Qu'il reçoit la chance de pouvoir le quitter afin de connaître le désir, de pouvoir sortir de la matrice primordiale, du Tout, pour connaître le désir, trouver la beauté de Dieu dans les signes de la nature et remonter vers lui en toute connaissance de cause. Parce qu'au départ, Adam est dans le Tout, dans Dieu, il n'a pas d'identité propre, donc n'est pas *chassé* : il est *invité au désir*. S'il était resté au paradis, il n'aurait jamais pris conscience du bonheur. Il faut être dans le manque, hors du paradis, pour savoir ce qu'est le paradis.

*

L'histoire d'Adam, c'est notre histoire. Enfants, nous nous sommes progressivement séparés du Tout, de la fusion avec la mère, de ce que Lou Andreas-Salomé qualifie de *narcissisme originaire* (sorte de paradis originaire), pour nous confronter à la réalité du monde, à la souffrance, à l'épreuve, faire l'expérience du mal. Le sens de notre existence est de retourner à cette union avec le tout originaire.

15

Une lumière au fond du trou

Lorsque je demande à mon amie Deborah Bacon Dilts[1] comment elle entend la phrase de Rilke, « nous sommes encadrés d'invisible », elle me répond d'emblée qu'il s'agit d'un mot qu'elle utilise peu. Et, après un silence, où je la sens très émue, presque au bord des larmes, elle m'explique peiner à mettre des mots sur ce qu'elle ressent. L'invisible est ce qui existe autour d'elle, quelque chose de plus vaste qu'elle-même tout en étant ce qu'elle a de plus intime. « C'est une intelligence bienveillante. »

1. Deborah Bacon Dilts, une amie américaine que j'ai connue alors qu'elle interprétait Richard Moss, l'auteur du *Papillon noir*, dans ses stages et conférences en France. Nous sommes restées très proches depuis. Elle a enseigné la danse des 5 rythmes et anime aujourd'hui des ateliers de méditation de la pleine conscience (*Mindfulness*).

Émergent alors son enfance, sa capacité d'émerveillement devant la beauté de la nature, la question métaphysique que nous sommes si nombreux à nous poser : pourquoi quelque chose plutôt que rien ? Elle a grandi, s'est coupée de ce lien avec l'invisible, et cette coupure a engendré bien des souffrances. La confrontation avec le réel – qui n'a rien de merveilleux – l'a plongée dans des abîmes de non-sens, au point qu'elle a ressenti un moment, à l'âge de quarante-quatre ans, l'envie de mourir. « Ce qui était douloureux, c'était de perdre le contact avec la promesse d'une vie merveilleuse. » Deborah m'avoue s'être alors écroulée, et en s'abandonnant, avoir reçu l'image d'un homme qui la tenait par le bout du petit doigt pour la guider pas à pas, un pied devant l'autre, dans le noir. Le travail psychologique qu'elle a entrepris avec un thérapeute l'a, depuis, sauvée.

*

Le témoignage de Deborah me touche, car il pose la question de l'épreuve.

Tant de gens auraient besoin, dans leurs descentes au cœur de l'obscurité de leur âme, dans leurs désespoirs, leurs détresses intimes, d'un guide qui les aide, non à refuser l'épreuve, mais à la traverser avec l'espoir d'une petite lumière au bout du tunnel.

La petite lumière de Deborah est un verset de la Bible : « Quand je marche dans la vallée de l'ombre de la mort, je ne crains aucun mal, car tu es avec moi. Ta houlette et ton bâton me rassurent[1]. » Je ne peux m'empêcher de penser au cantique de Jean de la Croix, *La Nuit obscure* : « Dans cette heureuse nuit, je me tenais dans le secret, personne ne me voyait. Et je n'apercevais rien pour me guider que la lumière qui brûlait dans mon cœur. »

Deborah se sent désormais guidée, entourée, portée. Elle ne recherche plus le paradis perdu. Elle a décidé de vivre tout ce que la vie lui apporte, les joies comme les peines, les échecs comme les réussites. La vie est devenue une grande école. « Tout ce qu'il nous est donné de vivre est là pour notre évolution spirituelle. Tout ce que je vis me transforme », me dit-elle.

Ce témoignage montre qu'il est possible de traverser une épreuve, d'avancer et d'arriver à une maturité spirituelle, laquelle n'est rien d'autre que l'amour de la vie, telle qu'elle est. C'est cela, pense-t-elle, le sens de la vie, le sens de *sa* vie.

Elle voudrait maintenant consacrer son temps à « amener de la lumière dans l'obscurité ». Il me semble que, par cette expression, elle me parle de

1. Ps 23, 4.

son désir de ne pas cacher sa part d'ombre, mais de travailler à l'éclairer. D'autant que notre époque est fort sombre. Bien sûr, cela conduit à faire des choix. Deborah est consciente de ce qui lui fait du mal, la stresse : être pressée, courir à droite à gauche, rythme qui ne lui convient pas du tout. Elle explique avoir besoin de rituels : allumer une bougie, revoir sa journée avant de s'endormir et pratiquer la gratitude. Être comblée par des choses simples du quotidien et consacrer chaque jour un moment à la méditation. « Et quand les choses ne se passent pas comme j'aimerais, je lâche prise en disant YES ! »

*

En l'écoutant, je repense à une conversation avec François Mitterrand[1], à propos de l'épreuve.

Je lui avais offert *Le Livre de l'épreuve*[2] de Fariduddïn Attar, poète iranien soufi du XIIIe siècle. Une épopée mystique où l'on découvre que l'épreuve n'est pas une catastrophe qui nous tombe dessus, mais qu'elle porte en elle un secret, un cadeau. Qu'elle n'est ni une punition, ni la conséquence d'une blessure d'enfance, encore moins la preuve d'un manque de chance. Entre la vision culpabilisante et la version nihiliste, le poète persan invite à

1. *Croire aux forces*, *op. cit.*, p. 62.
2. Fariduddïn Attar, *Le Livre de l'épreuve*, Paris, Fayard, 1981.

réfléchir au sens profond, spirituel, de ce moment. La question n'est donc pas *pourquoi* une maladie, une dépression, une séparation, un deuil, mais *vers quoi* nous conduisent-elles. Ce que l'épreuve nous fait découvrir de nous, qui nous était jusque-là *invisible*, voilà le véritable objectif.

« Vous avez raison, en avait convenu le président de la République, le *pourquoi* est stérile. Je préfère me dire que je vais affronter et surmonter l'épreuve, et dans ce sens, en effet, cela nous grandit. Peut-être. »

*

Il a été beaucoup question d'épreuve en ces temps de pandémie.

Alors que nous conversions sur cet étrange Covid, qui a mis la planète à l'arrêt, comme pour nous obliger à penser autrement, à porter un autre regard sur cette vie si menacée, à revoir nos priorités, mon ami Yves Penay me lut tout à trac un texte de Valère Novarina tiré de sa pièce *Le Jeu des ombres*[1] : « Dans ma langue, si tu veux bien comme les Latins ne pas distinguer le *u* du *v*, il y a une

1. À l'origine, *Le Jeu des ombres*, la pièce de Valère Novarina, mis en scène par Jean Bellorini, devait faire l'ouverture du festival, début juillet, dans la cour d'honneur du Palais des papes, un festival qu'Olivier Py, son directeur, avait voulu placer sous le signe d'Éros et Thanatos – dieux de l'amour et de la mort –, bien avant que l'on entende parler d'un nouveau virus mortel. La pièce a été éditée chez P.O.L.

anagramme du mot *Dieu*, c'est *vide*. Dans toutes nos phrases, Dieu est un vide, un mot à l'envers, un mot en silence, un trou d'air, un appel qui permet à l'esprit de reprendre souffle, aucun mot ne troue autant. C'est, dans mon langage, un mot ouvrant, un mot aimant, une gravitation, une attraction dans la pensée, un principe d'amour dans l'univers aimanté, un mot à l'envers de tous les mots et qui remet en mouvement les idées. »

Un mot qui remet en mouvement les idées…

Tout l'enjeu du texte – et du spectacle lié – réside dans cette interrogation d'une âme en peine, errant dans un lieu infernal peuplé de fantômes. Un monde qui entre si fort en résonance avec le nôtre, en ces temps troublés.

En écoutant l'extrait me reviennent les témoignages recueillis par le cercle Vulnérabilité et Société[1] sur ce que le confinement a apporté à chacun. Au cœur de l'épreuve, du tohu-bohu, chacun a semblé reconnaître que l'épreuve avait engendré du sens, remis en mouvement les idées, rapproché de l'essentiel.

1. Le cercle Vulnérabilité et Société : think-tank fondé par Édouard de Hennezel pour « faire de la vulnérabilité une force ».

16

Voir l'invisible : la médiumnité

Même si je les appelle *les marchands de l'invisible* – leurs consultations sont très onéreuses –, je ne peux rayer d'un trait de plume ni leur réalité ni leur action, ayant croisé des personnes qui, ces dernières années, m'ont confié leur expérience auprès de voyants ou médiums.

La souffrance motive souvent le recours à ceux qui marchandent leur intuition. Untel, en deuil d'un proche ayant mis fin à ses jours ou mort brutalement d'un accident, voudrait entrer en contact avec le défunt ; un autre ne voit pas clair dans une situation affective chaotique ; un troisième, souffrant de solitude, cherche à savoir s'il rencontrera bientôt l'âme sœur... un désarroi, une angoisse, des doutes, un manque de confiance dans l'intuition sont à la racine de telles consultations. Sans oublier, quelquefois, plus simplement de la curiosité.

*

Moi-même j'ai eu recours à un médium. À trois reprises dans ma vie. Ces personnes ont un accès à l'invisible, c'est indiscutable. Elles perçoivent ce que nous ne voyons pas. Par moments les détails délivrés sont surprenants, et incontestables.

La première fois, c'était une femme rencontrée dans une réception à l'Élysée en 1987. Elle m'avait laissé sa carte en m'invitant à venir la voir. Je l'avais fait par curiosité.

Elle vivait dans un petit appartement assez sordide. En entrant, j'avais eu du mal à y croire, l'ambiance cabinet occulte était comme dans les clichés du genre : semi-obscurité, table recouverte d'un tissu violet, boule de cristal, jeu de tarot divinatoire. La voyante m'avait invitée à m'asseoir et demandé ma date de naissance. Je l'avais vue gribouiller quelques opérations sur un bout de papier. Ensuite elle m'avait fait tirer cinq cartes du jeu qu'elle venait d'étaler. Sans poser aucune question. Moi non plus d'ailleurs. Puis elle m'avait prédit l'avenir : j'allais bientôt me remarier, écrire un livre qui serait connu dans le monde entier, un homme politique important me ferait un très beau cadeau, j'emménagerai dans un grand appartement.

Or, tout cela s'est, effectivement, réalisé. Le livre au succès mondial annoncé fut *La Mort intime*[1], traduit en vingt-deux langues. Le cadeau de l'homme politique, je l'ai compris presque dix ans plus tard, c'était évidemment la préface de François Mitterrand. Au moment de la publication, *Le Figaro* avait d'ailleurs titré : « Le cadeau de Mitterrand à Marie ».

Elle avait raison sur toute la ligne. Mes autres consultations furent moins probantes.

*

En tant que psychologue, ce phénomène psychique qu'est la médiumnité m'interpelle, on s'en doute.

Lorsque j'exerçais à l'hôpital psychiatrique de Villejuif, on m'avait confié un patient schizophrène, hospitalisé depuis trente ans, qui avait fait sa vie à l'hôpital. Cet homme, grand délirant, avait une intuition époustouflante. Quand j'arrivais le lundi matin pour sa séance hebdomadaire, il me racontait mon week-end en détail : ce que j'avais fait, les gens que j'avais vus, lisant dans ma mémoire comme dans un livre. Il avait aussi l'habitude

1. Paris, Pocket, 2006.

d'annoncer des événements politiques. Les médecins lui manifestaient un certain respect, ce don de voyance étrange, qu'il fallait cependant qualifier de pathologique, n'étant pas courant.

Pour autant, la voyance est-elle toujours pathologique ?

Afin d'en savoir plus, je me suis intéressée à ce qu'on appelle le noyau psychotique, que chacun porte au creux de son appareil psychique selon l'école psychanalytique anglo-saxonne, en particulier à partir des recherches de Melanie Klein. Il s'agit d'un espace dans lequel nous serions déconnectés de la réalité. Où les petits enfants semblent particulièrement à l'aise, eux qui voient des choses étranges, parlent avec des invisibles. Si, en grandissant, ils se structurent et mettent une barrière entre cet espace et eux, certains adultes gardent la possibilité d'y revenir, par quelques brèches laissées ouvertes. Ils ont (auraient) des « sensations extrasensorielles », des visions, des *flashs,* des pressentiments. Un double fonctionnement psychique est (serait) donc possible, une *partie saine* pouvant coexister avec une *partie psychotique* de la personnalité. C'est lorsque ce fonctionnement partiel, cette *partie psychotique*, tend à se généraliser que la psychose s'installe.

Les médiums, les voyants ne sont donc pas fous, mais ont un accès à leur noyau psychotique de manière relativement bien maîtrisée. Cette maîtrise se travaille-t-elle ? Il semble que oui. Et les témoignages des médiums montrent qu'il leur a fallu du temps pour accepter sans inquiétude leur hypersensibilité, pour exercer leur discernement et garder, en même temps, les pieds sur terre.

Lorsque je me rends sur l'île d'Yeu, je rencontre parfois Marcel Picard, voyant très sympathique – tout en rondeurs. Un jour, je lui ai demandé de me parler de lui, de ce don. D'où il venait ? Il a alors fait allusion à son enfance et aux intuitions fulgurantes qui lui venaient à l'esprit. Dont certaines l'ont profondément marqué, comme le soir où il a déclaré à ses parents : « Embrassez bien grand-mère, vous ne la reverrez pas ! » Cette dernière, qui avait cent ans, décéda dans la nuit. Conscient de cet atout, à l'école, il n'apprenait ses leçons que lorsqu'il savait qu'il allait être interrogé. Et puis, un jour, ça s'est arrêté. Mais ses *intuitions* sont revenues plus tard, à l'âge adulte. Il est alors allé consulter un psychiatre qui l'a rassuré : il n'était pas schizophrène.

Il a continué à vivre avec ce « don » hors du commun. Après avoir fait du théâtre, il s'est intéressé au tarot, l'a enseigné jusqu'au jour où on lui a proposé d'intervenir dans *Les Dossiers de l'écran* sur la deuxième chaîne, qui cherchait un voyant pour une thématique. L'émission a déclenché une avalanche d'appels. Et il a ouvert un cabinet de consultation. Aujourd'hui retraité, il reçoit encore de temps en temps, et s'appuie toujours sur le tirage du tarot divinatoire, auquel il a consacré deux livres[1].

*

En écrivant ces lignes me vient à l'esprit une amie comédienne, Éliane Gauthier[2], qui pratiquait aussi la voyance, à ses heures perdues, art sur lequel elle a écrit trois ouvrages[3]. Ses livres, que j'ai relus, me semblent d'autant plus intéressants qu'Éliane a une expérience psychanalytique et discute, dans l'un, avec son ami psychiatre Philippe Wallon[4], médecin et chargé de recherches à l'Inserm.

Ce dernier s'intéresse aux expressions du paranormal – esprits frappeurs, lévitations, voyance – qui constituent depuis toujours un défi à notre analyse, défi qu'il relève dans *Expliquer le paranormal*[5]. S'interrogeant sur les frontières du normal, il propose, à partir de nombreux cas concrets, un corpus théorique original. Se plaçant dans la lignée

1. Marcel Picard, *Le Langage secret du tarot*, Paris, Tchou, 1973 et *Tarots*, Paris, Dervy Poche, 1987.

2. Éliane Gauthier est la très populaire « Julie » de la série télévisée *L'Île aux enfants*.

3. Éliane Gauthier, *Voyance. De la dépendance à la liberté*, Paris, Albin Michel, 1995 ; *La voyance et votre destin*, Paris, Pygmalion, 1998 ; *Voyants, mode d'emploi*, Paris, Buchet-Chastel, 1999.

4. Gauthier, *La Voyance et votre destin*, *op. cit.*, p. 153.

5. Docteur Philippe Vallon, *Expliquer le paranormal*, Paris, Albin Michel, 1996.

de Jung, l'auteur précise comment le paranormal peut être la manifestation de notre inconscient. Il est possible, explique-t-il, d'explorer le surnaturel à travers nos modèles psychologiques classiques.

La discussion avec Éliane Gauthier est particulièrement captivante. Éliane lui raconte qu'elle s'appuie sur ses cartes pour *entrer en résonance* avec l'inconscient de son consultant.

« Je crois que je ne fais que restituer à mon consultant *ce qu'il sait sans savoir qu'il le sait* », précise-t-elle. Philippe Wallon en convient, les cartes ne servent qu'à soutenir l'intuition du médium, mais le choix aléatoire de celles-ci fait par le consultant provient de son intuition inconsciente.

Pour lui, la voyance n'est donc pas un mystère. À son avis même, tout le monde a, constamment, des *intuitions de voyance*. « La démarche de voyance est une forme de pensée inconsciente[1] et quand on laisse sa pensée baguenauder hors du quotidien, on devient voyant pour soi-même[2]. » Et d'ajouter : « Vous êtes le récepteur de ces intuitions et, en la matière, le récepteur est plus clair que l'émetteur[3]. »

*

1. Éliane Gaultier, entretien avec Philippe Wallon, dans *La Voyance et votre destin, op. cit.*, p. 153.
2. *Ibid.*, p. 156.
3. *Ibid.*, p. 155.

Mais la voyance, c'est aussi la précognition, c'est-à-dire la connaissance d'événements qui n'ont pas encore eu lieu. Il existe un *hors-temps* à l'intérieur de notre psyché, auquel le médium a, parfois, accès. Si l'on part du principe que la voyance serait l'une des formes de l'intuition et plongerait ses racines dans l'inconscient, il faut évoquer, ici, l'intemporalité de l'inconscient, que nous montrent les rêves. « L'inconscient ne connaît pas le temps, écrivait Jung. Il ne souffre pas de problème de météo. Une partie de notre psyché n'est ni dans le temps ni dans l'espace. Ces derniers ne sont qu'illusion. De sorte que, pour une certaine partie de notre psyché, le temps ne compte pas du tout. »

Cela veut-il dire que le destin individuel est inscrit dans l'inconscient ? Freud le pense, qui a déclaré que *l'inconscient est le destin.* De quoi penser que l'activité inconsciente détermine la plupart de nos actes et que nous organisons notre vie d'une manière qui obéit à ce que l'inconscient nous dicte.

*

Finalement, ce dialogue entre le docteur Philippe Wallon et mon amie cartomancienne atteste ce que je pense depuis longtemps et que mon enquête sur l'*invisible* confirme. Nous sommes tous potentiellement médiums !

Qui n'a pas un jour songé à une personne, au moment même où celle-ci appelle au téléphone ? Qui n'a jamais éprouvé un mal-être inexplicable en rentrant dans un lieu ? Nous avons donc tous la faculté de ressentir certains individus ou événements de manière subtile, aiguisée. La médiumnité n'est peut-être ni plus ni moins qu'une intuition très poussée, que nous sommes ou serions tous capables de développer.

Dès lors, je suis mal à l'aise lorsque quelqu'un prétend avoir un don de médiumnité transmis par telle ou telle personne. Je n'aime pas la formule ostracisante qui laisse croire que certains possèdent une faculté d'intuition qui manquerait à d'autres. Et je ne pense pas une seconde qu'existe un gène de l'intuition.

En revanche nous bénéficions tous d'un sixième sens, disons une hypersensibilité plus ou moins développée. Ce sixième sens se niche sans doute dans le noyau psychotique que j'évoquais plus haut. Certains l'ont depuis l'enfance quand d'autres le découvrent après un événement (accident, coma, expérience de mort imminente) qui crée une brèche dans la protection qu'ils ont mise en place en se structurant pour faire face à la réalité du monde. D'autres le possèdent sans y prêter attention. Pour le développer, l'essentiel est d'être attentif à ce que l'on perçoit. Cette intuition relève donc plus de l'attention que du don.

*

Quand on me demande s'il faut se méfier des médiums, je réponds toujours : *fiez-vous à votre intuition !*

Il m'est arrivé, à ce propos, une histoire singulière. Peu de temps après la publication de *La Mort intime*, qu'il avait préfacé, François Mitterrand est mort. Nous étions en janvier 1996. Une femme vient me voir à mon bureau au sein de l'unité de soins palliatifs de l'hôpital international de l'université de Paris et se présente comme la dernière compagne de Romain Gary. Elle prétend être médium et avoir reçu un message du président défunt pour moi.

Un peu interloquée, je la prie néanmoins de me délivrer ce message. Elle déplie une feuille de papier et commence sa lecture. Dès les premiers mots – « chère amie » –, je comprends que c'est une mystification. Jamais, en douze ans, François Mitterrand ne s'était adressé à moi ainsi. Il m'appelait « Marie », « chère Marie », parfois « chère madame », pas une fois « chère amie ».

J'ai immédiatement interrompu cette pseudo-médium, lui lançant que je *savais* que le message ne pouvait émaner du président, et j'ai mis fin à la rencontre.

Je me suis levée et je l'ai reconduite à la porte de mon bureau..

Se fier à son intuition me semble donc essentiel. Je sais bien que, lorsqu'on est perdu, dans la peine, on ne sait plus ce qui est bon ou pas pour soi. Un bon repère me semble être d'observer son ressenti lorsque le médium parle. Si la peur ou la culpabilité apparaissent, mieux vaut arrêter.

J'ai par ailleurs souvent mis en garde contre l'inexpérience ou l'amateurisme de certains médiums. Si une personne n'a aucune expérience ni connaissance en psychologie, aucune notion de ce que signifient le deuil, la dépendance affective, si elle n'a en outre jamais fait de *travail* sur elle-même, il est à craindre qu'elle *balance* au consultant, à un moment, peut-être des vérités vraies, mais que celui-ci n'est pas prêt à entendre ou comprendre sur le moment. Autre option : qu'elle projette sur lui son propre mal-être, et le consultant risque de repartir plus perturbé qu'à son arrivée.

Mieux vaut chercher une réponse en soi qu'à l'extérieur. Soyez clairs avec vous-mêmes et vous rencontrerez des personnes claires.

17

Notre bande d'invisibles

La première personne à m'avoir parlé de ceux qui la guident et l'accompagnent, en les qualifiant de *bande d'invisibles*, c'est Sophie Davant. Avec la journaliste-animatrice-directrice de journal, nous avions parlé tout un week-end dans sa maison de Normandie, de ces *invisibles* qui nous veulent du bien et nous aident. Elle m'avait raconté ses histoires, je lui ai rapporté les miennes.

En rentrant chez moi, ce dimanche-là, j'étais tombée sur un numéro de la revue *L'Inexploré* et le témoignage du journaliste et auteur Stéphane Allix. « Autour de nous, en nous, vibrionne un vaste monde, disait-il. Ce monde est peuplé d'esprits de toute sorte, d'énergies, de guides, d'anges gardiens, de celles et ceux qui nous ont quittés, de mémoires vivantes, et que sais-je encore. Certains de ces êtres s'adressent à nous sans qu'on les entende, pourtant ils nous parlent sans cesse. Ils nous murmurent, offrent leur aide, proposent de participer à notre existence, mais à ces influences si subtiles et délicates, nous demeurons sourds. Nous résistons à ces intuitions, à ces idées qui surgissent, à ces inspirations parfois incongrues, car nous avons l'impression infantile de perdre les commandes, comme si tenir les commandes de notre vie allait être la garantie d'une existence heureuse… Moi l'intellectuel, le mental, un jour j'ai découvert avec stupeur que si je parvenais à entendre ces *alliés*, ne fût-ce que quelques instants, j'en venais à prendre de meilleures décisions[1]. »

Le propos m'avait marquée. Et puis l'expression « la bande d'invisibles », le terme « alliés » s'ancrèrent en moi.

J'ai donc réuni dans ce chapitre quelques exemples glanés au fil du temps de la relation que nous entretenons, moi comme les autres, avec ces « alliés ».

*

Quelques années après la publication de *La Mort intime*, je suis invitée à donner une conférence à la

1. *Inexploré*, n° 36, automne 2017.

Roche-sur-Yon sur l'accompagnement des mourants.

L'amphithéâtre de l'école d'infirmières est plein à craquer. Il y a des soignants, mais aussi beaucoup de gens en deuil ou avec un proche malade.

J'ai l'habitude, quelques secondes avant de prendre la parole, de penser à tous ceux que j'ai aidés dans leurs derniers moments, lorsque j'étais psychologue en soins palliatifs. Cette pensée, je la leur dois, car tout ce que je raconterai proviendra de mon expérience à leur chevet. Eux m'ont beaucoup appris sur ce qu'est mourir, m'ont montré comment mourir, m'ont rendue témoin de leur force, malgré leur angoisse légitime, m'ont enseigné la manière de les accompagner ! Beaucoup, même, me disaient, avant de donner leur dernier souffle : « Quand je serai de l'autre côté, je vous aiderai. » Une promesse que je prends et que je continue de prendre au sérieux.

Donc, ce jour-là, devant les gradins de l'amphi, je marque un silence avant d'entamer ma conférence et songe à eux, mes mourants invisibles.

Une semaine plus tard, une femme m'écrit. Elle précise d'emblée que, chercheuse au CNRS, elle est une scientifique, rationaliste. À la suite de la lecture de mon livre, elle est venue assister, avec son mari, à mon intervention et y a vécu quelque chose de troublant, qui la bouleverse encore. Elle explique avoir vu, juste avant ma prise de parole, des sortes de boules lumineuses descendant en colonne au-dessus de ma tête, tandis que son mari n'avait rien perçu. Le phénomène s'est arrêté après une dizaine de secondes, lorsque j'ai commencé à parler.

Je la sens très troublée, elle qui assure ne pas être coutumière de ce genre de chose. En tout cas, elle aimerait savoir ce que j'en pense.

Je lui ai répondu cela : « La seule chose que je peux vous dire, c'est qu'avant de prendre la parole en public, je pense à ceux qui ont promis de m'aider quand ils seraient de l'autre côté. Je leur demande de veiller à ce que les mots avec lesquels je vais parler de mon travail soient justes. Après tout, c'est de leur mourir que je vais parler. Je suis persuadée qu'ils m'aident. Je le sens. Mais je ne *vois* rien. Ce que vous racontez m'intrigue. Peut-être avez-vous *vu* l'énergie que *mes invisibles* m'envoient ? Peut-être... Sachez que je n'ai jamais reçu un témoignage comme le vôtre, et que je ne l'oublierai pas. »

Une autre histoire m'a marquée. Elle met en scène l'intervention invisible de ma grand-mère – que j'aimais beaucoup et qui est décédée lorsque j'avais seize ans. Une grand-mère qui avait dit avant de mourir : « Ah ! la lumière ! c'était donc vrai ! », *dernières paroles* qu'on n'oublie pas. Qu'avait-elle voulu nous transmettre au seuil du grand saut ?

Des années plus tard, par une chaude journée d'été, j'emmène mes trois enfants et notre chow-chow se baigner sur une plage près de Montpellier. Les enfants construisent un château de sable et s'ébrouent ; je loue une planche à voile, et m'exerce une partie de la matinée. Tout à coup, mes lunettes tombent à l'eau. Je plonge aussitôt pour essayer de les rattraper. En vain. Les enfants, équipés de masques, viennent à ma rescousse, les maîtres-nageurs aussi, tout le monde s'y met. Sans succès. Le temps passe et je comprends qu'elles sont perdues. L'angoisse m'étreint. Étant très myope, sans mes lunettes, je suis un danger public au volant.

Je retourne dans l'eau, lasse, épuisée par cette recherche qui dure depuis des heures. Presque au bord des larmes, je m'adresse alors à ma grand-mère avec toute la force du désespoir, la suppliant de m'aider, de *faire quelque chose* pour que je retrouve mes lunettes.

À cet instant précis, quelque chose touche mes orteils légèrement enfoncés dans le sable. Je soulève mon pied et, à ma grande surprise, la paire apparaît. Je n'en reviens pas et tremble de tous mes membres. Est-ce possible ?

Bien plus tard, une autre histoire du même style m'arrive.

C'est un été, avec mes deux fils devenus grands et leurs compagnes. Nous allons nous baigner à la grotte de Tharaux, où la Cèze coule suffisamment large pour que l'on puisse y nager. Jean s'amuse avec son amie dans les remous des cascades, je les sens heureux. Tout à coup, il pousse un cri : « Ma chevalière ! » La veille, il nous a dit avec émotion à quel point il était touché que son père lui fasse ce cadeau de son vivant ! Et voilà que la chevalière est tombée dans les remous de la rivière. Tout le monde se met à sa recherche, on plonge, on fouille le fond chaotique de la Cèze, qui n'est pas profonde, mais l'eau est loin d'être claire. Cela semble mission impossible. J'observe la scène depuis la rive et je sens qu'ils s'épuisent. Tout à coup, mon fils aîné, Édouard, m'interpelle ! « Maman, et ta bande d'invisibles, pourquoi ne leur demandes-tu pas de l'aide ? » Évidemment ! Je ferme les yeux et demande du fond du cœur de l'aide à Thérèse, l'une de mes invisibles préférées. « Je t'en supplie, fais quelque chose ! Aide-nous ! » Au moment même où je lui adresse cet appel, une image arrive à mon esprit, comme un flash : je vois Jean lever d'un mouvement large son bras droit, avec la chevalière au bout des doigts, et poussant un cri de joie. Ce n'est qu'un effet de mon imagination car Jean est, en fait, debout, l'air las, désespéré, les pieds dans l'eau. Je lui dis alors : « Jean, c'est là, à tes pieds, regarde ! » Mon fils hausse les épaules et me répond que cela fait deux heures qu'il cherche à cet endroit. Il semble avoir renoncé, ne plus y croire.

« C'est là, à tes pieds, regarde à nouveau ! », lui dis-je. J'insiste. Sans comprendre ce qui me permet d'être aussi catégorique, mais une voix semble parler à travers moi. Jean consent à plonger une dernière fois, puis se redresse d'un bond, avec la chevalière et un cri de joie. Comme dans mon flash !

Nous sommes tous ébranlés. Et cette histoire – véridique – reste la plus invraisemblable que j'aie vécue.

*

Les *invisibles* de ces scènes sont, pour la plupart, des personnes que j'ai connues et qui, depuis *l'au-delà*, me portent secours. Comme je l'ai dit au début de cet ouvrage, je ne suis pas la seule à qui ce genre d'expérience arrive. Nous avons presque tous une relation avec un être cher disparu, invisible à nos yeux, à qui nous parlons ou demandons protection parce que nous avons le sentiment qu'il est toujours présent, en nous, autour de nous. Qu'il veille. Ainsi, beaucoup d'endeuillés m'évoquent leurs morts comme des sortes d'anges gardiens. Voici quelques récits qui attestent de ces présences.

Béatrice entretient un lien avec l'invisible depuis vingt-cinq ans. En fait, depuis qu'elle a été touchée par un cancer virulent, à l'âge de vingt-trois ans. Pendant deux ans, avec de longs mois d'hospitalisation en chambre stérile, coupée du monde, elle s'est exercée à voir autrement, à s'émerveiller d'un rayon de soleil qui traversait sa chambre, d'un sourire des soignants. Et à croire en une force qui allait la sauver. Désireuse de faire partager cette sensation, elle m'écrit un jour avoir vu partir nombre d'*amis de galère*, des jeunes comme elle, mais qui, depuis, me confie-t-elle, l'accompagnent en silence. « Je les sens près de moi, ils me disent : "Vas-y, tu peux aider maintenant ceux qui se retrouvent sur le bord de la route." » C'est d'ailleurs ce qu'elle fait, en accompagnant ceux qui cherchent à « reprendre la route » après une maladie, par exemple un cancer.

Évelyne m'écrit, de son côté, pour partager avec moi une expérience extraordinaire. Alors qu'elle se trouvait dans une chambre d'hôpital après l'opération d'une tumeur dont elle ignorait qu'elle était cancéreuse, une nuit calme se profile. Surprise de ne plus souffrir et même de se sentir en paix, elle a vu tout autour d'elle des *êtres*, très grands, beaux, pâles, vêtus de longues robes pastel. Elle me raconte avoir été emplie de joie, sûre de les reconnaître, et leur avoir dit dans un dialogue intérieur : « Ah ! Vous voilà. » « Nous venons travailler pour toi », lui ont-ils répondu. Ce qui lui avait valu de sourire avec gratitude et de s'abandonner à eux, confiante, en les regardant agir avec précision et maîtrise. « Ces êtres ont alors dénoué des nœuds, tiré, tendu et noué des fils au-dessus de moi », révèle-t-elle.

S'agissait-il d'un rêve, d'un délire, de l'effet des analgésiques ? Évelyne était convaincue que non. D'autant que le lendemain soir, après le départ de ses proches, ils sont revenus à son chevet « terminer leur travail ». Une immense joie l'envahit, la confiance et la profonde certitude de connaître de grands êtres sereins faisant du bien la portent. « Ils savaient ce qui devait être fait », me dit-elle. Ce jour-là encore, tout se déroule comme lors de la première visite, dans une succession de gestes minutieux. Le troisième soir, de nouveaux *grands êtres* surgissent, ressemblant cette fois à des Tibétains, silhouettes qu'elle n'avait pas la sensation de connaître, et qui lui ont signifié être là pour « terminer le travail ». À l'en croire, ils entonnaient des sons graves, tandis que bien-être et paix l'envahissaient.

S'il ne se passa rien le quatrième soir, elle avait désormais la certitude qu'elle ne mourrait pas de son mal. Cette expérience, me confia-t-elle, elle ne l'avait racontée qu'à des très proches, qui n'ont douté ni de ses paroles ni de sa raison. Et de conclure qu'elle est encore émue aux larmes en y repensant.

De quoi, de qui s'agissait-il ? Elle comme moi l'ignorons. Mais les tenues évoquées laissent imaginer une référence religieuse, quelle qu'elle soit.

*

De fait, il y a beaucoup de saints parmi les *invisibles*. Pour les chrétiens, les plus sollicités sont sûrement saint Antoine (chaque fois qu'il s'agit de retrouver un objet perdu), sainte Rita (lorsqu'une femme n'arrive pas à tomber enceinte), la petite Thérèse de Lisieux, qui a annoncé avant sa mort qu'elle « passerait son ciel à faire du bien sur la terre ».

Ma mère me racontait qu'enfant – elle avait quatre ans –, elle aurait dû subir une mastoïdectomie[1]. La veille de l'opération, elle avait supplié ma grand-mère de lui apporter une image de sainte Thérèse de Lisieux et l'avait collée contre son oreille avant de s'endormir. Quand sa maman avait tenté de la lui retirer en pleine nuit, elle s'était réveillée et avait exigé que l'image lui soit rendue. Or le lendemain, à la clinique, le chirurgien avait constaté que l'infection de l'os avait disparu et qu'il n'était plus nécessaire d'opérer.

Après, elle s'était considérée comme une miraculée de la petite Thérèse, et lui avait voué *ad vitam aeternam* une gratitude particulière.

Cette histoire me rappelle celle de cette jeune femme, atteinte d'un cancer de l'ovaire. Lorsqu'elle m'a annoncé cette terrible nouvelle, je me trouvais en Espagne à Montserrat. Je me suis rendue au pied

1. À la suite d'une mastoïdite, infection grave de l'os de l'oreille, ablation de cet os, sous anesthésie générale.

de la statue de la Vierge noire pour l'implorer. En sortant de la basilique, j'ai acheté une image pieuse, que j'ai offerte à la jeune malade au retour. Je la vois encore soulevant sa jupe et plaquant contre son bas-ventre l'image de la Vierge.

Ce geste spontané, témoignant d'une réelle détresse conjuguée à une intense confiance dans l'invisible, m'a bouleversée. Et je l'ai été plus encore lorsqu'elle a été considérée comme guérie.

*

La pandémie a bouleversé notre rapport au visible et à l'invisible. N'oublions pas que le virus est perçu comme un ennemi invisible.

La plupart des personnes que j'ai rencontrées ou que je rencontre, et à qui je dis travailler sur l'invisible, m'ont confié entretenir avec *l'invisible protecteur* une relation qu'elles n'avaient pas avant cette crise sanitaire.

Alors que le sentiment d'être en sécurité a disparu, alors que chacun a et a eu l'impression d'avoir une épée de Damoclès au-dessus de sa tête, alors que les médias égrenaient chaque jour le chiffre des morts de ce virus invisible létal, diabolique, bien des gens ont eu besoin de se tourner vers une figure spirituelle. Un invisible proche, souvent lié à leur enfance, à qui ils ont demandé et demandent encore aide et protection.

18

Le monde angélique

Des saints aux anges gardiens, il n'y a qu'un pas. Qu'il est important de franchir lorsqu'on réfléchit à l'invisible. Un sujet que le journaliste Pierre Jovanovic[1] a abordé après avoir écouté de la chanson de Jean-Louis Murat, *L'Ange déchu*[2], qui lui a fait se demander si lui-même avait un ange gardien.

L'idée lui semble aussi idiote que romantique, raconte-t-il, mais moins d'une heure plus tard, dans une librairie, il trouve *par hasard* un ouvrage sur ce thème. Le sujet éveille un intérêt purement intellectuel, pourtant, plus il se passionne pour lui, plus des signes apparaissent, dans un enchaînement de coïncidences qu'il qualifie d'« invraisemblables ».

1. Pierre Jovanovic, *Enquête sur les anges gardiens*, Paris, J'ai lu, 2004.
2. Jean-Louis Murat, *L'Ange déchu* : « Dans cet univers de cendres/Où aimer n'existe pas/Parfois je prie mon ange. »

Peu à peu, le sentiment étrange qu'un *dialogue invisible* s'instaure entre lui et ce « supposé ange » émerge. Une série d'indices, qui illustrent ce que Jung nomme synchronicité. Par exemple, écrit Pierre Jovanovic, « vous marchez dans la rue et vous vous demandez très sérieusement si l'Ange gardien n'est pas tout simplement le produit de votre imagination et de celle des autres, et juste à ce moment-là, une fille passe devant vous, portant un T-shirt avec des ailes dans le dos ! La première fois, vous vous dites qu'il s'agit d'un pur hasard. La deuxième fois, lorsqu'on vous offre un livre d'art sur les Anges, vous pensez que c'est une véritable coïncidence. La troisième fois, vous recevez une lettre commençant par *tu as été mon Ange gardien* d'une personne que vous avez connue bien avant votre soudaine passion, et vous vous dites que c'est une simultanéité incroyable ! À la quatrième fois, vous ne trouvez plus de mots. Au bout de la dixième fois, vous déclarez forfait, et à la vingtième, vous parlez très sérieusement à votre Ange[1]. »

Depuis, il ne cesse de recevoir des signes, à travers un livre, une rencontre, une lettre, un coup de téléphone : « Au bout du fil, une personne que je devinais âgée me demanda si elle était bien à l'église Notre-Dame des Anges. J'en restais quasiment sans voix[2] ! »

1. Jovanovic, *op. cit.*, p. 12.
2. *Ibid.*, p. 12.

Son récit passionnant intrigue. Ainsi, un jour, il rencontre un prêtre qui lui dit tout de go : « Les anges, les apparitions de la Vierge et toutes ces stupidités, je n'y crois pas[1]. » De la part d'un religieux, voilà qui a de quoi surprendre. Ce coup de grâce, si j'ose écrire, Pierre l'attendait inconsciemment. Malgré tous les signes notés, il se demandait pourquoi il devrait ajouter foi aux anges. Alors si un prêtre n'y croit pas lui-même, inutile d'insister ! Pourtant, d'une certaine façon, cela l'attriste. Car il s'est attaché à son ange, du moins à l'idée qu'il en existerait un. Le rendez-vous avec le prêtre signait donc « la fin d'une belle amitié invisible[2] ».

Mais on ne se débarrasse pas si facilement d'un ange gardien, prévient-il dans son livre. Et dans la suite de son récit, il relate un enchaînement de synchronicités stupéfiantes qui ébranleraient n'importe qui. « La foi en mon Ange gardien tombée à zéro remonta en flèche. Je venais de découvrir que les Anges n'aimaient pas du tout qu'on les prenne pour des chimères[3] », conclut-il.

*

Dans son livre, je trouve un écho à ce que me confient mes patients. Ainsi, il écrit, à propos de

1. *Ibid.*, p. 13.
2. *Ibid.*, p. 13.
3. *Ibid.*, p. 15.

Charles Péguy : « L'écrivain et poète français expliqua un jour sous le sceau de la confidence à son ami Joseph Lotte qu'il possédait un ange gardien incroyable. "*Il est encore plus malin que moi, mon vieux !* disait Péguy. *Je suis gardé, je ne puis échapper à sa garde. Trois fois, je l'ai senti m'empoigner, m'arracher à mes volontés, à des actes médités, préparés, voulus. Il a des trucs incroyables*[1]." »

Qui, en lisant cette confidence, ne pense pas en son for intérieur que le poète prêtait à un ange gardien ce qui relève en fait de sa conscience morale, ou de son intuition ? Mais Jovanovic nous interpelle : n'avons-nous jamais entendu un ami nous confier qu'il a l'impression d'être *protégé* ou *gardé par le Ciel* ? Ou encore, quelqu'un nous dire, après une catastrophe : « Par miracle, je ne suis pas monté dans cet avion » ?

La personne en prend conscience, poursuit l'auteur, mais ne cherche pas à approfondir, à partager ce sentiment mystérieux, de peur de se rendre ridicule, voire de perdre cette *protection* en essayant d'en percer le mystère.

Comment expliquer le sentiment d'être protégé ? Ces actes totalement irréfléchis qui sauvent la vie, ces voix intérieures qui mettent soudain en garde,

1. *Ibid.*, p. 19.

ce rêve prémonitoire, cette série insensée de coïncidences qui fait qu'un ami qui n'aurait jamais dû se trouver là au moment du drame a pu intervenir et éviter une catastrophe, à quoi tiennent-ils, d'où viennent-ils ?

En français, rappelle Pierre Jovanovic, on utilise souvent l'expression « quelque chose me dit que... ». Mais qu'est-ce que ce *quelque chose* ? Est-ce quelqu'un ?

Il admet que personne n'est en mesure de donner une explication naturelle et objective à ces phénomènes. Pourtant, impossible de nier que des millions de gens vivent ces expériences et sont « parfois marqués pour la vie par cette aide surgie de nulle part, dont l'explication la plus élégante, puisque nous n'en avons pas d'autres plus logiques, se résumerait alors par l'intervention bien réelle de ce qu'on appelle un Ange gardien[1] ».

*

Comme je l'ai annoncé au début de ce livre-voyage, je ne cherche pas à expliquer ni à prouver l'invisible. Ce qui m'intéresse dans ce chapitre, donc, c'est l'expérience du lien que mes contemporains

1. *Ibid.*, p. 22.

entretiennent avec l'ange gardien. Quelques exemples et scènes valent qu'on s'y arrête.

Mon amie Deborah me confie qu'elle invoque des archanges dans une relation fort simple. Elle sait qu'il existe une hiérarchie du monde angélique, mais cela ne l'intéresse pas, car elle a plutôt l'impression d'avoir une bande de frères, « de potes », en tout cas des présences masculines, costaudes, puissantes. Quand elle les invoque, elle dit se sentir invincible.

Longtemps, elle n'osait pas les solliciter pour ne pas trop peser sur elles ni les fatiguer. L'idée même de demander et d'obtenir une présence qui peut, généreusement et sans condition, répondre à sa demande n'était pas compatible avec ce qu'elle éprouvait : elle ne se sentait pas digne de recevoir de l'amour. Et puis, un jour, tout a changé. Quelqu'un l'a libérée de cette culpabilité existentielle. Elle a osé demander de l'aide et en a reçu. Elle s'est rendu compte que *ses potes archanges* possédaient des ressources inépuisables et qu'elle pouvait s'appuyer sur eux lorsqu'elle en avait besoin.

Enfant, j'ai toujours entendu ma mère nous parler de nos anges gardiens. J'ai donc, moi aussi, une relation très forte avec eux. Je voudrais évoquer ici ce qui s'est passé dans les trois dernières semaines de la vie de ma mère.

Nous l'avions fait entrer à la maison Jeanne-Garnier[1] afin qu'elle bénéficie d'une fin paisible, et puisse être accompagnée par ses enfants, sans restriction de visites. J'ai passé plusieurs nuits à son chevet, sur un lit de camp installé par l'équipe de soignants dans sa chambre. Chaque matin en la quittant, je lui murmurais : « N'oubliez pas que vous êtes entourée d'anges. » En disant cela, je me rassurais moi-même, la sachant, si l'on peut dire, entre de bonnes mains. Mais c'était aussi une façon de lui *rendre*, avec l'image de l'ange, quelque chose de ce qu'elle m'avait donné dans mon enfance et auquel elle était sensible.

Ma mère s'est éteinte paisiblement un 2 octobre, jour de la fête des Anges ! Je n'ai pu m'empêcher d'y voir un signe, une synchronicité. Et dans les semaines qui suivirent, alors que nous tirions au sort, avec mes frères et sœurs, les meubles et objets lui ayant appartenu, le hasard m'a attribué une statue en bois doré… représentant un ange ! Elle veillait dans son salon et veille désormais dans le mien.

Ne sommes-nous pas aussi, parfois, *des anges* les uns pour les autres ? Quand nous arrivons au bon moment pour consoler un chagrin ? Quand nous trouvons juste le geste ou prononçons le mot qui fait du bien ?

1. Maison de soins palliatifs, rue de Lourmel, Paris XVe.

Au moment où j'écris ces lignes, ma sœur Jeanne m'appelle de Jérusalem. Et me raconte qu'adolescente, un jour, elle s'est enfuie de la maison afin de se rendre à Notre-Dame, après une violente dispute avec notre mère. Quand elle était arrivée, un petit garçon de sept ans s'était approché d'elle avec un bouquet de fleurs. Un cadeau tellement inattendu que Jeanne avait vu en lui *un ange*. Et de confier qu'aujourd'hui, en évoquant ce souvenir, elle ressent encore la joie éprouvée à la suite de ce geste insolite, gratuit. Inespéré.

J'avais aussi abordé ce sujet avec François Mitterrand. Ce jour-là, nous parlions du film de Wim Wenders, *Les Ailes du désir*, qui venait de sortir[1] et nous nous disions impressionnés par le regard du cinéaste sur ceux que nous aimions appeler *nos invisibles*.

Le choix de la ville de Berlin avant la chute du mur, un Berlin inquiet, en pleine guerre froide, ne relevait pas du hasard. Car dans cette ville dévastée et mélancolique vivent des hommes, des femmes, des vieillards et des enfants, qui traversent les épreuves très réalistes d'une existence

1. Film avec Bruno Ganz sorti en 1987. Sorte de road-trip métaphysique, le film navigue au travers des rencontres dans Berlin. C'est une construction humaine, l'histoire silencieuse des maux terrestres racontée avec la bienveillance d'un ange.

ordinaire ; la mort, les séparations, les déménagements, les maux de la vieillesse – à propos desquels ils se posent mille questions. Des questions métaphysiques surtout. Deux anges, Damiel et Cassiel, les écoutent avec bienveillance, témoins de leurs pensées secrètes, intimes : « Pourquoi suis-je moi et pourquoi es-tu toi ? Pourquoi suis-je ici et pas ailleurs ? Le mal existe-t-il vraiment ? Comment est-ce que, moi, je deviens alors qu'avant je n'étais rien ? Moi qui suis moi, je ne serai donc plus[1] ? »

Les humains sont dans la contingence, dans le temps. Les anges appartiennent à l'éternité. Contrairement aux premiers, ils n'ont pas, dans le film, de pensées propres puisqu'on les voit se rapporter, jour après jour, les monologues intérieurs des humains, qu'ils accompagnent fort discrètement dans leurs souffrances.

Seulement l'un des anges, Damiel, en a assez de l'éternité. Il n'en peut plus d'être invisible, de n'être qu'un pur esprit. Lui veut un corps, désirer, avoir la notion du temps qui passe, dire *maintenant* et non *depuis toujours*. Il rêve de pouvoir « mentir comme on respire », de s'exalter contre le mal.

Le film révèle combien l'éternité – à ne pas confondre avec l'immortalité – est peu désirable. Dans l'éternité, plus de désirs, plus d'histoires, ni

1. Poème composé par Peter Handke pour le film.

de projets, aucune création ! Seule une vie désirante et créatrice a besoin d'une limite dans le temps.

Et quand Damiel tombe amoureux d'une trapéziste qui tente, pour surmonter sa peur du vide, de ne plus penser, de chasser d'elle toute lucidité, d'être juste dans l'instant présent, il est prêt à sacrifier son éternité à une femme qui, elle, expérimente qu'elle est *éternelle*, comme le dit Spinoza[1], puisqu'elle vit intensément le présent.

Un tiraillement éblouissant, qui fait toute la force du film, nous imprégnait, le président et moi, nous faisait réfléchir à l'au-delà et à la vie de ceux qui nous accompagnent, bien qu'invisibles !

*

Dans ma *promenade au cœur de l'invisible*, tout naturellement, je suis allée échanger avec Marguerite Kardos[2]. Mon amie Christiane Singer[3] nous a présentées il y a presque trente ans et Marguerite

1. Baruch Spinoza. *Éthique V*, prop. 23, scolie. « Nous savons et nous expérimentons que nous sommes éternels. »

2. Linguiste orientaliste, également spécialiste du Proche-Orient, de Sumer et des médecines sacrées, ancien professeur d'université, Marguerite Kardos est aussi thérapeute, formatrice en énergétique chinoise traditionnelle, en naturopathie et en Qi Gong. D'origine hongroise, amie proche de Gitta Mallasz, elle préside l'association Adda (Association pour la diffusion des *Dialogues avec l'ange*) qui s'occupe de la diffusion des *Dialogues avec l'ange*.

3. Christiane Singer, prix de littérature française de l'Académie française, auteur notamment de *Derniers Fragments d'un long voyage*, Paris, Albin Michel, 2007.

m'a soignée plusieurs années par le moyen de l'énergétique chinoise. J'ai suivi ses conférences, éblouie par sa connaissance de cette langue cunéiforme qu'est le sumérien.

Grâce à elle, dans les années 1970, je me suis plongée dans un livre qui m'a impressionnée, les *Dialogues avec l'ange*[1]. Un livre étrange, très prenant, qui relate l'enseignement spirituel reçu pendant la Seconde Guerre mondiale par quatre artistes hongrois : Hanna, Lili, Joseph et Gitta. Hanna, une jeune femme aux qualités médiumniques évidentes, prévient ses amis qu'une *voix* s'exprime à travers elle. « Attention, ce n'est plus moi qui parle ! » dit-elle d'ailleurs. Cette voix, tour à tour attribuée à un *maître intérieur* ou à un *ange*, quoi qu'il en soit à un messager divin, va s'adresser à ces jeunes artistes durant dix-sept mois, chaque vendredi à 15 heures, et répondre à leurs questions. Car tous sont hantés par ce qui se

1. Alors que les nazis envahissent leur pays, et déportent en masse les Juifs, Hanna transmet au cours de quatre-vingt-huit entretiens des paroles qu'elle dit ne pas émaner d'elle, mais provenir d'« autre part », d'un maître intérieur ou d'un ange. Ces paroles sont retranscrites mot à mot. Trois de ces artistes, juifs, périssent en déportation. Seule survivante, Gitta Mallasz, réfugiée en France, s'attelle en 1960 à la traduction en français de cet enseignement, et *Dialogues avec l'ange* sera publié en 1976 (Paris, Aubier). Puis une version intégrale sera publiée en 1990. Le livre (500 000 exemplaires) sera traduit en vingt-trois langues, et aujourd'hui il est encore vendu à 4 000 exemplaires tous les ans. Les *Dialogues avec l'ange* ont fait l'objet d'un film, et plusieurs artistes en ont fait la promotion, notamment Juliette Binoche et Françoise Hardy.

passe sur la planète[1], la guerre, l'aveuglement collectif, le mensonge, la brutalité abjecte. Ils sentent la fin d'une époque, mais pressentent aussi le début d'un monde nouveau. Donc ils ont besoin d'être éclairés. Alors que l'ange s'exprime, Gitta, *la scribe*, noircit des cahiers d'écolière pour ne rien manquer de cette expérience, à cent lieues de celle d'une possession ou d'une séance de spiritisme.

En lisant ce texte déroutant, je m'étais étonnée qu'il émane de quatre jeunes agnostiques n'ayant aucune pratique religieuse.

Marguerite me reçoit donc dans son nid d'aigle, d'où l'on voit tout Paris. Je lui fais part de ce que j'observe depuis le début de la pandémie de Covid-19, et du recours massif aux *invisibles protecteurs*. Cela ne l'étonne pas. Ses visioconférences dans le cadre de l'Adda font le plein, le nombre de participants a même triplé. Quand les gens se sentent perdus, ils font appel à l'invisible. « C'est la meilleure adresse », confirme-t-elle avec humour.

Nous parlons du confinement, de la crise sanitaire mondiale. Cette crise, c'est « un cocon de naissance pour un papillon qui n'a pas vu le jour »,

1. « L'Europe n'est plus qu'un interminable gémissement », préface de Claude Mettra, *Dialogues avec l'ange*, *op. cit.*

énonce mon amie hongroise, « et ce papillon, c'est notre potentiel d'intériorité et de verticalité ».

Le Covid, certes une épreuve, est, pour Marguerite, une tempête à traverser, dont nous sortirons grandis. Si les gens sont tellement perturbés, assure-t-elle, « par les mensonges qui nous sont servis, les conflits d'intérêts, l'enrichissement scandaleux des laboratoires, l'avidité financière de certains, c'est que se développe en ce moment une éthique du non-mensonge ».

Et de poursuivre : bien des gens se posent la question de leur rapport au vivant. Depuis un an, ne remarque-t-on pas un réel désir de ruralité ? Ne sont-ils pas nombreux, ceux qui décident de partir à la campagne, d'avoir un bout de terre à cultiver ? La linguiste sent « une poussée de vie arriver, quelque chose du futur qui nous appelle ! » Persuadée que nous allions dans le mur en souillant l'eau, la terre, que l'on avait trahi toutes nos valeurs, elle se montre convaincue qu'*une insurrection des consciences se prépare*, comme l'a dit Pierre Rabbhi[1].

1. Pierre Rabhi défend un mode de société qui respecte les hommes et la terre, le développement de pratiques agricoles accessibles à tous mais qui préservent les « patrimoines nourriciers ». Appelant à « l'insurrection des consciences » afin de fédérer ce que l'humanité a de meilleur et de cesser de transformer notre planète en terre de souffrances et destructions, il veut sortir du mythe de la croissance indéfinie, convie à comprendre l'importance vitale de notre Terre nourricière et à ouvrir la voie vers une « sobriété heureuse ».

À l'en croire, elle reçoit quotidiennement foule de mails et d'appels allant dans ce sens, de personnes qui *se réveillent*. Et se montre très critique sur la peur que les médias et les hommes politiques ne cessent de diffuser. Pour elle, l'homme n'est jamais victime de la situation, car aucune situation ne peut nous écraser. N'a-t-on pas toujours fait face à des virus ? Elle pense qu'on a oublié que l'être humain avait des défenses immunitaires extraordinaires, énergétiques, spirituelles, psychiques. Mais que l'on ne peut mobiliser ces ressources si l'on passe son temps à compter les morts à la télévision.

Elle m'explique alors que notre tâche est *d'élever notre taux vibratoire* par la joie, la confiance, la méditation, le contact avec la nature.

Je lui demande quel est le rôle de l'ange, dans ce contexte.

L'ange est en nous, il représente notre potentiel d'évolution, m'assure-t-elle. Lorsque nous sommes reliés à ce potentiel, il peut nous parler, nous guider, nous inspirer, à travers les rêves, les coïncidences mystérieuses, l'intuition, les prémonitions. On sent aussi que quelqu'un veille sur nous.

Marguerite Kardos ne croit donc pas à un ange extérieur à soi.

Après cette conversation, je me suis souvenue d'une phrase des *Dialogues avec l'ange*, celle où l'ange dit qu'il ne peut intervenir dans notre vie que si nous lui demandons de l'aide.

« Écoute ! LA DEMANDE EST NÉCESSAIRE ! Ne sois pas tiède à demander, demande toujours ! Constamment ! Sans demande, nous ne pouvons pas donner ! »

19

La communauté des ancêtres

Une de mes sœurs vit à Jérusalem[1]. Elle y est moniale. En ces temps de fermeture des frontières, il est si important de pouvoir communiquer par WhatsApp avec ceux qui sont loin. Merveille de la technique qui rend visibles ceux qui resteraient invisibles autrement.

Nous parlons de l'invisible. Je lui dis que je pense très souvent, ces temps-ci, à nos parents et grands-parents. Ils me semblent plus proches que jamais. C'est aussi son expérience. « Tu sais, me dit-elle, nos morts nous voient. Ils nous aident. Ils sont là quand nous en avons besoin. » Jeanne en est convaincue.

1. Jeanne a embrassé la religion orthodoxe. Elle a fait ses études de théologie à Saint-Serge à Paris. Puis elle est partie à Jérusalem, munie d'une bourse, à l'École biblique. Elle y est restée.

Puis elle me confie deux souvenirs anciens dont elle n'avait jamais parlé jusqu'alors. C'était il y a longtemps, à l'époque où elle était soignée à l'hôpital de Jérusalem. « Je n'allais pas bien du tout. Je me sentais terriblement seule. Et puis j'ai senti Papa, assis sur un fauteuil à mon chevet. Je sentais sa présence. Je sentais même son costume. Il était là. Tout s'est apaisé en moi. »

Une autre fois, ayant décidé de se mettre à l'aquarelle, elle avait senti la présence de *Bon Papa*[1], qui guidait son pinceau, lui communiquait une certaine confiance dans la manière de poser les touches de couleur, de laisser du blanc. « C'était comme s'il agissait à travers moi », m'assure-t-elle. Si bien que, pour ses propres débuts d'aquarelliste, elle avait vraiment été surprise de ne pas avoir à tâtonner, obtenant un résultat d'une maturité qu'elle n'aurait jamais imaginée.

*

Au fil de ce voyage inédit, les témoignages, de proches, de connaissances, d'inconnus, se multiplient.

Monique Rakotoanosy[2], soixante-treize ans, professeure, enseignante, chercheuse à la faculté des

1. Georges Dufrenoy.
2. Entretien du 5 décembre 2020.

lettres et sciences humaines de l'université de Tananarive, a bien voulu me parler de ce sujet sensible qu'est l'invisible, thème que bien peu d'universitaires de son niveau osent aborder, tant ils craignent qu'on ne les prenne pas au sérieux. À coup sûr, dans les cercles de la pensée « raisonnable », on considérerait qu'ils sont *flyés*, comme on dit au Québec, autrement dit un peu *fêlés*. À vrai dire, elle-même est fière d'être traitée de fêlée, affirme cette femme pleine d'assurance et de charme.

Que met-elle derrière le terme *invisible* ? À cette question, Monique paraît d'abord incapable de répondre par une définition. Alors que, de toute évidence, elle baigne dans l'*invisible* par sa culture malgache, une culture dans laquelle la dimension sensible ne s'oppose en rien au rationnel.

« Nous sommes une société de l'oralité, notre écriture datant du milieu du XIXe siècle, explique-t-elle. L'invisible, c'est tout un mode de pensée qui repose sur une vision globale, non duelle.

Le monde est mû par une énergie vitale que nous appelons Aina ou Ay, qui anime le cosmos. Comme tous les peuples dits premiers, nous sommes proches du Cosmos, du Vivant. L'invisible s'inscrit donc dans cette vision-là. »

Ainsi, dans sa culture, il n'y a pas de séparation entre la vie et la mort, les ancêtres n'y meurent jamais.

Comme je désire en savoir plus sur cette conviction, Monique Rakotoanosy raconte qu'elle a trouvé important de rapporter à son fils qui vit en France et a traversé une période difficile un peu de la terre des ancêtres, afin qu'il se sente protégé. Et de me narrer le processus. Elle a demandé au patriarche du village d'aller prélever une poignée de cette terre dans le tombeau des anciens, qui est perché sur une colline d'où la vue est magnifique. Puis elle a remis à son fils (déprimé) un coffret en palissandre, en disant : « Reprends-toi, tes ancêtres sont là pour te soutenir et te protéger. Tu pourras toujours faire appel à eux dans les moments difficiles, car cette terre est *animée.* »

En l'entendant évoquer devant moi le lieu où elle ira elle aussi *rejoindre ses ancêtres*, j'ai senti une émotion intense l'habiter.

Quand son fils a placé la boîte dans sa bibliothèque, à côté de ses livres, il s'est senti heureux. Le don de cette terre provenant de son pays, et du lieu où repose sa lignée, lui a, manifestement, fait grand bien.

Monique a su raccrocher son fils à ses forces de protection, ses propres *invisibles.*

Dans la culture malgache, les ancêtres sont vénérés. Ils sont sacrés. « Nous descendons d'eux, ils nous ont donné la vie. Nous manifestons la conscience de notre lien avec la communauté des ancêtres de multiples façons, qu'il s'agisse de notre manière d'envelopper leur corps dans un linceul de soie comme du rituel de l'exhumation des corps. Celui-ci intervient quelques années après le décès, mais de moins en moins, déplore Monique, parce que la fête qui préside à cette exhumation représente une lourde dépense. »

Je suis intriguée. Comment, à Madagascar, procède-t-on à l'exhumation ? « On décide de la date avec un devin. La cérémonie se déroule généralement à la lune montante ou à la pleine lune, jamais quand elle décroît. Question d'énergies, elles sont plus puissantes quand la lune croît. La veille du jour fixé, nous prévenons les ancêtres. Le jour dit, on sort les linceuls de leur tombeau, et on expose les dépouilles. On fait la fête autour, on danse, on joue de la musique. C'est un moment de rassemblement familial. Le moment aussi où il est important d'exprimer sa gratitude aux défunts, de se réconcilier, de se pardonner. Le sens profond du rituel est de cultiver les valeurs de paix et de solidarité qui sont au cœur de notre spiritualité cosmique. » Les morts sont ensuite soulevés par des porteurs et on leur fait faire sept fois le tour du tombeau avant de les envelopper à nouveau dans leur linceul et de les remettre dans les tombes. Monique me reprend lorsque j'emploie le mot *morts* : « Non : pour nous, pour moi, ils sont vivants ! »

Le lien avec la communauté des ancêtres est omniprésent dans sa culture, aussi demande-t-elle constamment de l'aide à ses invisibles. Qu'elle appelle par leur nom, sollicite en direct : « Aide-moi ! je n'en peux plus ! » Elle dit même ressentir leur présence physiquement, sur sa peau, par des frémissements. « Ce n'est pas juste une idée, c'est une perception. Nous le faisons tous, d'ailleurs. Nous conversons avec eux, pour savoir ce qu'ils pensent de telle ou telle décision, situation. Ils répondent par des signes, des rêves, parfois certains les entendent ! »

Ce lien se transmet d'une génération à l'autre. Monique précise qu'il s'agit d'une force spirituelle, existentielle, essentielle aussi dans ce monde violent qu'est le nôtre.

Avant de clore l'échange, elle me laisse méditer cette invocation très courante à Madagascar : *Many ny aina*, « Que douce vous soit la vie. » Quoi qu'il arrive, face à la mort.

*

En quittant mon interlocutrice malgache, je me suis souvenue d'une anecdote de la guide qui nous avait fait visiter le plus grand cimetière du Japon à Koyasan[1], lieu magique au milieu de cèdres centenaires.

1. Dans ce cimetière aux 200 000 tombes, les âmes sont en attente. La légende dit que le vénérable Kobo Daishi n'est pas mort, mais médite dans son tombeau, l'Okunoin, en attendant le prochain Bouddha. Toutes les

Cette femme d'une soixantaine d'années nous avait raconté que, pour l'anniversaire de ses trente ans, sa grand-mère, fervente adepte des deux religions principales du Japon, le shintoïsme[1] et le bouddhisme, lui avait offert une petite lampe destinée à être accrochée dans le Toro-do, le pavillon des lanternes, une lampe traditionnelle qui avait coûté une fortune. La jeune femme avait essayé de faire comprendre à sa grand-mère qu'elle aurait préféré, avec une telle somme, s'offrir un voyage ou meubler sa maison, mais l'aïeule avait tenu bon. À l'en croire, elle ne pouvait pas lui offrir de plus beau cadeau que cette lanterne qui brûlerait jusqu'à la fin des temps, au milieu de milliers d'autres dont deux, dit-on, depuis mille ans. La guide nous a avoué qu'elle ne regrettait pas ce don, consciente, aujourd'hui, de bénéficier d'une protection sans prix. « Quand on sait qu'on peut mourir à tout instant, cette promesse d'éternité vaut plus que tout ! » avait-elle confié.

Au cours de ce voyage, j'ai pu m'entretenir avec quelques Japonaises qui parlaient français[2]. Et,

âmes qui reposent dans ce cimetière sont donc appelées à « ressusciter » avec lui. L'analogie avec le mythe chrétien de la résurrection de la chair est surprenante !

1. Religion originelle du Japon, animiste et polythéiste, vénérant les forces de la nature et les esprits (les *kami*).

2. À l'occasion d'une conférence que j'ai donnée en novembre 2019, à l'Institut français de Kyoto, sur le thème de deux de mes livres traduits en japonais : *La Mort intime* et *L'Âge, le Désir et l'Amour*.

grâce à elles, mieux comprendre la relation que les Nippons entretiennent avec l'invisible et la communauté des ancêtres.

Cette fidélité durable au-delà de la vie et des générations est en lien avec le fait que le Japon se croit en fin *de vie*. Dans un archipel constamment secoué de tremblements de terre, régulièrement exposé aux explosions nucléaires, avec la population la plus âgée du monde et un taux de naissance au plus bas, comment croire à un avenir ?

Étrange perception de la précarité du pays !

*

La pérennité de la communauté des ancêtres existe dans le monde entier, essentiellement dans les pays ayant une culture traditionnelle forte. Mais qu'en est-il en Occident ? Et chez nous, en France ? Avons-nous le sentiment d'un lien spirituel nous unissant aux défunts ?

Jérôme Lequime[1], un ami autunois enseignant en philosophie et en éthique, qui tient une maison d'hôtes dans laquelle j'aime loger lorsque je retrouve mon Morvan familial, m'apporte un début de réponse. Il pense qu'il n'existe pas de séparation

1. Jérôme Lequime, enseignant en philosophie et en éthique, fondateur de la Biennale d'art sacré d'Autun, engagé dans le dialogue inter-religieux.

entre le règne des vivants et celui des morts, et que nous avons, nous aussi, une relation permanente avec les ancêtres. C'est ce que l'on appelle *la communion des saints*, dit-il. « Ils font partie de nous, et nous participons d'eux comme ils participent de nous. Ils sont invisibles, mais là. » Jérôme me raconte qu'à plusieurs reprises il a bénéficié d'une aide dans des moments de difficulté, des épreuves, alors qu'il ne savait comment s'en sortir. Il n'a pas entendu de voix, précise-t-il, mais senti *très profondément*, dans sa prière, qu'il fallait se tourner vers eux. Et constaté que, chaque fois que le besoin d'aide s'est fait sentir, les choses se sont dénouées. Il n'apporte évidemment pas de preuve tangible, mais le sentiment très profond que cette part de nous passée dans l'au-delà trouve une place, ici, de la manière la plus discrète et efficace qui soit, est fort en lui.

La relation tissée avec une grand-mère qu'il aimait beaucoup et qui a passé une bonne partie de sa vie comme hospitalière à Lourdes perdure même, de manière originale. « Je crois qu'elle a soixante-douze pèlerinages à son actif », dit-il. Si aucun de ses descendants n'avait pris le relais de cette mission, Jérôme est *tombé dedans*, en œuvrant pour l'hospitalité Notre-Dame. Et lui-même s'intéresse aux pèlerinages. Ses camarades lui ont d'ailleurs dit : « Il n'y a pas de secret, c'est ta grand-mère qui, de là-haut, t'a mis sur le chemin. » Lui reconnaît avoir trouvé « délicieuse » la perspective de s'inscrire dans cette filiation d'une aïeule qu'il affectionnait.

Il y a deux ans, sa mère a demandé qu'il s'occupe d'elle et la prenne chez lui quand elle serait très âgée. Bien que très proche, tenant à se protéger d'une encore plus grande proximité, il a dit non. Sa maman s'est fait une raison. Pourtant, lors d'une mission au service de l'hospitalité Notre-Dame, il a vécu un moment extraordinaire, prodigieux même à ses yeux. En arrivant à la grotte de Lourdes, il a senti « comme une évidence qu'il lui serait donné de pouvoir prendre soin des siens à la fin de leur vie ». Un signe extrêmement fort, en parfaite contradiction avec ce qu'il avait imaginé jusqu'alors. Il est rentré de la ville sainte avec la certitude que, le jour venu, il se mettrait à la disposition de ses parents. Autrement.

Ce qui arrive. En juillet 2017, la mère de Jérôme, atteinte d'un cancer de la gorge foudroyant, entre en clinique et s'entend avec les médecins pour y rester jusqu'au bout. Jérôme obtient le droit d'aller s'installer près d'elle, de passer ses dix derniers jours à son chevet, dont les dernières nuits. Sa maman est morte dans ses bras. Il a donc eu l'occasion, inespérée, d'accomplir ce qu'il avait décidé à Lourdes. Et pris cet ultime moment de complicité maternelle comme un cadeau de la vie. « Elle est partie en paix, en me laissant en paix. Que peuvent faire de mieux nos parents ? »

Le lien avec les ancêtres ne s'arrête pas là, en ce qui le concerne. Jérôme s'est aperçu que sa passion généalogique lui permettait de renouer avec des aïeux qu'il n'avait pas connus. Et d'écrire un article à la demande de son ami Khaled Roumo[1], sur l'un de ses grands-oncles au destin aussi fugace qu'étonnant : Simon Rouet. Lequel, parti à dix-sept ans à Constantinople, fut consul intérimaire à Mossoul après Paul-Émile Botta[2] et mourut à tout juste trente ans. Un grand-oncle brillant, passionné d'archéologie, décédé trop tôt, qu'une stèle trouvée dans la cathédrale de Mossoul remercie pour ses bons services. L'émotion qu'il a ressentie à retracer ce parcours tient-elle au seul lien familial, ou aussi au fait que lui-même a failli mourir à l'âge de vingt-sept ans, dans un accident de voiture ? Ne se sent-on pas redevable d'avoir la chance de vivre longtemps quand d'autres, avant nous, ont vu leur existence écourtée ?

« Les morts ne nous demandent pas de les pleurer, mais de les continuer[3] », disait François Mitterrand. N'est-ce pas ce que Jérôme est en train de faire ?

1. Khaled Roumo est un musulman d'origine syrienne, poète et romancier. Il est auteur d'un livre sur le Coran (*Le Coran déchiffré selon l'amour*, Paris, Encre d'Orient, 2015), il se revendique d'une tradition de tolérance et d'échange entre le christianisme et l'islam.

2. Paul-Émile Botta, pionnier de l'archéologie mésopotamienne.

3. Cf. Marie de Hennezel, *L'Adieu interdit*, Paris, Plon, 2020.

Tout son engagement de vie, qui a vu la création de la chapelle des sept dormants d'Éphèse, son rôle dans la Biennale d'art sacré d'Autun, dans les rencontres éthiques de la même ville, dans le centre de formation de théologie musulmane. Ne tient-il pas aussi à ces filiations par-delà la mort ?

L'intérêt qu'il porte au dialogue inter-religieux n'est-il pas, peut-être, aussi une manière de *continuer Simon* ?

Jérôme est en tout cas convaincu que nos ancêtres nous accompagnent, nous orientent, à notre insu, nous mettent sur un certain chemin. Qu'ils nous aident à réaliser notre tâche sur terre, en douceur, avec légèreté.

Ses amis musulmans disent que « c'est la volonté de Dieu ». Lui n'est pas tout à fait d'accord : « Ça ne peut pas être *mektoub*, nous ne sommes pas prédestinés. » Il préfère évoquer le plafond de la chapelle Sixtine, où Michel-Ange a peint le doigt de Dieu et celui de l'homme se rencontrant : « Nous sommes libres de notre destin, mais sur ce chemin nous sommes aidés par la communauté des ancêtres[1] ! »

*

Une patiente, Charlotte, vient un jour me consulter afin de voir plus clair dans le sentiment

1. Entretien avec l'auteur.

d'échec permanent qui l'habite, véritable entrave à sa vie professionnelle, tous les projets qu'elle essaie de mettre en place finissant par s'effondrer. Elle explique avoir pris conscience, lors d'une expérience de « constellation familiale[1] », que ses échecs à répétition étaient liés aux peurs ataviques de son père, homme incapable de prendre des décisions, lui-même paralysé par une série de faillites familiales due à l'addiction au jeu de son propre père.

Bien qu'étant personnellement réticente à l'égard de ces « constellations », j'ai, évidemment, étudié la question. Mon amie Anne Ancelin-Schützenberger[2] m'a ainsi parlé des *loyautés inconscientes* qui lient l'individu à la communauté de ses ancêtres. Familière des travaux de Jung sur l'inconscient familial, je n'ai pas été étonnée par ses travaux sur la psychogénéalogie et l'intérêt d'aller fouiller dans les *archives* des aïeux. La constellation familiale et systémique permet, m'a dit Anne, d'extérioriser les jougs invisibles qui nous enchaînent à la matrice de l'inconscient familial.

1. La constellation familiale et systémique est une thérapie transgénérationnelle développée dans les années 1990 par Bert Hellinger, fondée sur la mise au jour de l'inconscient familial par le biais de jeux de rôle et de psychodrames qui auraient le pouvoir de résoudre les conflits intergénérationnels.

2. Anne Ancelin-Schützenberger était psychologue, psychothérapeute et universitaire française. Décédée en 2018, elle a été professeure émérite à l'université Nice-Sophia-Antipolis. Ses recherches sur la psychogénéalogie, et son ouvrage *Aïe, mes aïeux !* (Paris, DDB, 2009) l'ont rendue célèbre.

Charlotte fait, de toute évidence, partie de ceux qui portent un *fardeau invisible*. Son problème est en fait celui de sa lignée paternelle, elle en a hérité. Il est le fruit d'une transmission invisible, d'un *passage de témoin* d'une génération à l'autre. Le travail poursuivi ensemble après cette prise de conscience a consisté à comprendre, dénouer, libérer les nœuds cachés jusque-là, qui la reliaient au clan des ancêtres. Je l'ai invitée à s'adresser à son père et son grand-père pendant les séances, à dialoguer avec eux. Bientôt des rêves sont apparus, dans lesquels ses aïeux lui répondaient. Ce dialogue avec les défunts est très efficace dans les rituels de deuil. Il l'est aussi lorsqu'il s'agit d'alléger un poids transgénérationnel qui empêche de vivre sa vie.

20

Vivre avec nos morts

Presque tous, nous avons une relation personnelle avec un être cher disparu, donc invisible à nos yeux. La persistance d'un échange, d'une discussion, d'une multiplication de souvenirs qui reviennent de l'au-delà de la mort m'intéresse au plus haut point. Et son caractère intime me fait m'interroger. Car si nous parlons à un défunt, si nous faisons appel à sa protection, c'est parce qu'existe dans notre esprit le sentiment qu'il est encore présent, en nous ou autour de nous.

C'est de ce dialogue intime dont j'aimerais parler à mon lecteur. De son caractère universel et naturel. Les gens disent que c'est « surnaturel ». Je pense, pour ma part, qu'il n'y a rien de plus naturel.

*

Les gens – amis, patients, personnes rencontrées au hasard, dans une conférence, un dîner, une signature – me parlent volontiers de leurs morts. Pourquoi ? Parce qu'ils sentent et savent que je ne prends pas la fuite dès qu'ils évoquent la personne dont ils sont en deuil. Que je vais les écouter, convaincue que cela leur fait du bien.

Depuis longtemps, dans nos sociétés, le deuil est *devenu invisible*. On n'arbore plus aucun signe montrant qu'on a perdu un être cher. Autrefois on portait du noir, puis du violet, enfin un petit ruban au revers de son veston : les autres étaient alertés. Aujourd'hui les corbillards ressemblent à n'importe quelle camionnette ; quand vous travaillez, vous avez droit à trois jours de congé et êtes censé revenir comme si rien ne s'était passé ; on demande à chacun d'être aussi performant qu'avant le drame et surtout de ne rien en laisser paraître.

Et si vous ressentez les effets – légitimes, normaux, attendus – du contrecoup, comme du chagrin, de la fatigue, du désintérêt, on vous prie d'aller consulter un psychiatre. Le deuil est pathologisé. La plupart des endeuillés se plaignent d'ailleurs qu'aussitôt les obsèques passées, plus personne ne se manifeste, celui qui reste devient une sorte de pestiféré.

La mort est tellement taboue dorénavant qu'on ne sait plus que dire, quel geste avoir, quel comportement adopter avec une personne blessée par elle. Il résulte de ces attitudes une immense solitude.

J'essaie, à ma manière, de lutter contre le fléau du deuil invisible.

Odile vient de perdre son mari. Une mort subite qui a bouleversé sa famille et ses amis. Dès que possible, nous dînons, elle et moi, avec des proches, et parlons de Robert avec un réel plaisir. Nous évoquons les souvenirs, reformulons les dernières conversations, partageons ce qu'il nous a apporté, au fil des années. Ces réminiscences, qui rappellent un homme discret, très cultivé, artiste, le rendent présent parmi nous. Et Odile s'anime dès que l'on parle de son époux. Pas de doute, ces conversations et propos contribuent à lui redonner vie, d'une certaine façon, l'espace de quelques heures. Ce qui fait du bien à sa veuve. Même si l'absence est cruelle et si Odile traverse des moments d'immense chagrin, nous avons saisi qu'en évitant de parler de son mari, au prétexte – erroné – de la « protéger et de lui éviter de souffrir », nous lui ferions plus de mal encore.

Car il faut parler des morts. Car il faut les faire vivre parmi nous, *via* le souvenir, *via* la trace qu'ils ont laissée dans nos cœurs. Parfois ils nous laissent avec des questions sans réponse, leur disparition nous remue en profondeur, mais ne pas les évoquer serait pire. On se demande s'ils sont encore en vie dans l'au-delà. On reçoit ou croit recevoir un signe, un rêve nous vient, ils survivent en nous. D'autres morts restent silencieux ? Cela arrive. Mais évoquons-les ! Et si certains sont tentés d'aller voir un médium, ainsi que je le disais dans un chapitre précédent, ne jugeons pas.

*

Christiane Botbol vit un rituel d'allégement qui m'impressionne. Bien que sa maison soit emplie d'objets d'art venus du monde entier, qu'elle considère comme sacrés, elle a décidé de s'en séparer. La raison officielle : déménager. Pour moi, elle souhaite surtout se dépouiller. Aussi donne-t-elle aux musées qu'elle connaît, au Mucem, à des amis, à ceux qu'elle aime. Une démarche aussi généreuse que spirituelle.

Elle a acquis ces objets, ces tableaux, au fil des ans d'une vie au contact d'artistes du monde entier. Son mari, Albert Botbol, directeur de la politique culturelle de l'Unesco, a entretenu de nombreux liens avec l'Afrique, notamment le Cameroun et la Côte d'Ivoire. Christiane a donc côtoyé des peuples pour lesquels l'invisible et le visible sont intimement liés. Est-ce cette proximité avec l'Afrique qui l'a rendue sensible, elle aussi, aux signes de l'invisible ?

Toujours est-il qu'elle a accepté de rendre compte d'une expérience unique, qu'elle a racontée à peu de personnes, de crainte qu'on ne la « prenne pour une folle ». Quand je lui ai répondu que je commençais à être habituée à la place quasi pathologique que notre société réserve aux expériences irrationnelles, alors qu'elles font partie de la vie de la plupart de nos contemporains, elle a été quelque peu soulagée.

Juste après le décès de son mari, Christiane l'a senti physiquement, me raconte-t-elle : il l'entourait, même. Il ne s'agissait pas d'une simple présence car elle me parle d'un ectoplasme. Le phénomène a duré trois jours, jusqu'aux funérailles. Mais la connexion, elle, s'est étendue sur quarante jours. « La nuit, il me réveillait, me parlait, parfois il pleurait. » Et puis le quarante et unième jour, les sages africains que Christiane avait connus lors de son séjour au Cameroun l'ont appelée pour lui dire qu'elle devait le laisser partir.

*

Ce témoignage me fait penser à ce que Noëlle Châtelet écrit dans son roman *Madame George*. L'auteure évoque le prolongement, au-delà de la mort, du lien tendre qui unit un veuf ou une veuve à l'être aimé. Son héroïne, Mme Mansour, âgée de soixante-quinze ans, est recroquevillée de tristesse quand elle raconte à son psychiatre la présence de son mari, décédé.

« Comme je vous l'ai dit, l'autre jour, docteur, mon mari s'est mis à me rejoindre la nuit. J'ai toujours veillé, aussi bien, à lui laisser toute sa place à droite de notre lit. Jamais je n'aurais osé l'occuper. Jamais je n'ai débordé de la mienne. J'ai besoin de si peu, il est vrai… Le moment où il me retrouve est très doux, très réconfortant… Il n'est pas là toutes les nuits. Mais sa venue me réveille. Je sais quand il arrive… Difficile à dire… Généralement, c'est le changement de température qui m'alerte. Il fait soudain plus chaud, ou plus froid, au-dessus de ma tête. C'est une vibration de l'air, si précise parfois que j'ai l'impression d'une caresse sur mes cheveux… Il aimait tant mes cheveux… il n'a jamais voulu que je les coupe, voyez-vous… Ensuite, le matelas se creuse, mais de façon tellement légère, imperceptible que… que je doute… et pourtant, le poids sur le lit existe bien… Pas comme avant… avant sa mort[1]. »

Le psychiatre lui demande alors s'il s'agit d'un poids sans poids. « Oui c'est cela, docteur. Exactement. Et la sensation d'une forme aussi, si je tourne la tête de son côté, dans le noir. Difficile d'expliquer… »

Le psychiatre poursuit : « Vous voulez dire une forme sans forme, invisible et pourtant circonscrite et sur vous, non pas un regard, mais un regard

1. Noëlle Châtelet, *Madame George*, Paris, Seuil, 2013.

devenu pensée… Abstrait… L'idée d'un regard, c'est cela, madame Mansour[1] ? ».

Dans cette fiction, la jolie septuagénaire n'a pas peur de la présence de son défunt mari dans son lit. « C'est un tel bonheur de pouvoir se retrouver ainsi ! dit-elle. C'est bien la preuve qu'il pense à moi, comme je pense à lui ! Au fond, il n'existe pas de coupure décisive entre les morts et les vivants… Il y a des passages, j'en suis persuadée[2]. »

Noëlle Chatelet m'a confié qu'elle-même avait vécu ce qui est décrit dans le roman. Comme bien d'autres personnes. L'impression, physique, de la présence d'un corps que l'on a aimé est partagée. Lors d'une conférence récente[3], je l'ai même entendue se demander si *ces corps immatériels* étaient l'effet d'une imagination sensorielle ou s'ils avaient une réalité, que la science pourrait prouver un jour.

Les théoriciens du deuil parlent de ces expériences comme d'hallucinations venant compenser la douleur de l'absence. Telle personne croit voir, dans la rue, la silhouette de celui ou celle dont elle porte le deuil. Telle autre perçoit sa présence, se

1. *Ibid.*, p. 70.
2. *Ibid.*, p. 68-70.
3. Colloque Audiens, « Les chemins du deuil », 15 novembre 2014. Intervention de Noëlle Châtelet : « Nos chers disparus ».

réveille parfois dans son lit avec la sensation d'un contact très réel. Des phénomènes qui s'estompent avec le temps, même si pour certains la relation continue, voire s'approfondit. On s'adresse secrètement à celui qui est dans l'invisible, on lui demande de l'aide, souvent on la reçoit.

Celles et ceux rencontrés pour la rédaction de ce livre m'ont parlé de leurs disparus comme de présences bénéfiques, protectrices. Des présences qualifiées, parfois, d'anges. D'autres méditent les pensées ou les paroles des défunts.

C'est aussi ce que nous faisons – ouvertement – lorsque nous citons un philosophe décédé, une phrase qui aide à vivre : continuer à faire exister sa pensée en nous.

N'est-ce pas ce qui s'exerce aussi dans la contemplation d'une œuvre d'art, l'écoute d'une musique, qui enrichissent et apaisent ?

Quand Bertrand Vergely et moi avons écrit *Une vie pour se mettre au monde*[1], nous défendions l'idée que toute vie humaine est une œuvre, dans la mesure où, en vivant, *nous modifions les autres*. Des sceptiques nous ont demandé quelle pouvait bien être l'œuvre d'un enfant ou d'un bébé qui n'a pas encore eu vraiment le temps de vivre. Et nous

1. Marie de Hennezel et Bertrand Vergely, *Une vie pour se mettre au monde*, Paris, Livre de Poche, 2011.

de prétendre qu'aussi courte soit la vie, elle transforme celle des autres, elle les fait évoluer, et dans ce sens, elle se fait œuvre. Inachevée sans doute, mais une œuvre tout de même.

Je cite souvent cette phrase de François Mitterrand, déjà mentionnée dans ce livre : « Les morts ne nous demandent pas de les pleurer, mais de les continuer. »

Au-delà des blessures et du chagrin, l'existence d'un être que l'on a aimé laisse un héritage de valeurs et d'expériences. L'autre nous a *modifiés*, il nous a fait évoluer. Dans le travail du deuil, nous autres, psychologues, insistons sur ce que nous nommons la *reconnaissance de l'héritage.* Une étape importante qui vient après le chagrin, la colère, l'acceptation, qui permet de penser qu'un être humain a tenu sa place dans la chaîne des générations et des transmissions, et continue à la tenir.

*

Johanne, grande amie québécoise[1], m'envoie à son tour un texte consacré à l'*invisible.* Son métier

---

1. Johanne de Montigny, psychologue québécoise, auprès de qui je me suis formée aux soins palliatifs en 1987, juste avant l'ouverture de la première unité de soins palliatifs en France. Son premier livre, *Le Crash* (Québec, Le Remue-ménage), a été publié en 1985 à la suite de l'écrasement d'avion survenu à Québec le 29 mars 1979 et auquel elle a survécu.

Nous avons écrit ensemble un livre sur notre expérience commune de psychologues au chevet des mourants : *L'Amour ultime* (Paris, Livre de de psychothérapeute la confronte souvent à cette question qui renvoie, me dit-elle, à l'intériorité. Elle rejoint ma propre observation : la plupart de ses patients ont une relation avec ce qu'il faut bien appeler *un mystère*. Ils lui livrent timidement des *fragments de récits*. Timidement, car ils ont peur d'être ridiculisés, jugés, ou que leur histoire soit mal interprétée.

« Qu'en est-il d'une lampe qui s'allume spontanément, sans intervention ? D'une musique qui démarre de manière fortuite, celle-là même qu'on avait choisie pour souligner la rencontre de l'être aimé ? Qu'en est-il des mêmes chiffres qui ressortent à tout moment, sur la pointe des aiguilles de l'horloge, sur la plaque de la voiture garée à côté de la sienne ou sur l'addition au café du coin ? De l'arc-en-ciel qui apparaît chaque fois qu'on se remémore celle ou celui qui n'est plus ? Que dire de la perception fugace d'une présence pourtant invisible, d'une voix qui s'était éteinte, d'une inspiration soudaine pour guider un laborieux mouvement de création ? » m'écrit-elle.

Certains de ses patients en deuil racontent sentir le parfum du disparu, apercevoir son jumeau dans la rue. Johanne en convient, il s'agit de phénomènes qui nous dépassent. « La science y reconnaît une

Poche, 1991), et Johanne m'a invitée très souvent au Québec pour donner des conférences ou des formations.

forme d'hallucinations présentes chez un grand nombre d'endeuillés et documentées, entre autres, par la neuropsychologie clinique sous l'appellation *hallucinations du deuil*. On pourra y voir des tentatives pour retrouver l'objet perdu parmi ces présumés indices ou transcender l'absence par des représentations destinées à élever au-delà du visible, de l'inexplicable ou de l'inexpliqué. »

Alors toutes sortes de rituels de deuil s'inventent : écrire une lettre posthume, raconter sa journée à la photo du disparu, s'adresser à lui devant sa pierre tombale. Des expériences saugrenues qui ne sont pas les manifestations du désespoir, mais des astuces aidant à retrouver le lien relationnel, indestructible, le filet de sécurité qui réunit, ne fût-ce que symboliquement, morts et vivants.

« L'invisible se love à l'intérieur de l'être, telle une force créatrice en réserve », poursuit Johanne. Alors on prie, on médite, on continue à aimer et, parfois, on ressent, à son insu « une joie qui irradie. Jusqu'au jour où ce même invisible apparaît comme le socle sur lequel, prenant fermement appui, l'être pourra élever son regard, élargir ses horizons ».

Au fond, me dit Johanne : « L'invisible est une grâce, un cadeau inestimable. »

*

Yves[1], que j'appelle mon *frère spirituel* car nos âmes sont sur la même longueur d'onde, m'envoie un petit film qu'il a réalisé à Lisbonne, d'après le texte de John Berger[2], *D'ici là*[3]. Un texte qui parle de l'invisible, de la relation entre les vivants et les morts.

John Berger est au Portugal. Pourquoi cette ville ? « Peut-être que Lisbonne est une escale réservée aux morts ; peut-être que les morts se manifestent ici davantage que n'importe où ailleurs », répond-il. Il se promène dans la ville et, au bout de quelques jours, se met à penser intensément à sa mère, décédée quinze ans auparavant. Il a alors l'impression de la rencontrer, ressenti qu'il situe entre le réel et l'imaginaire, mais si intense qu'il décide de l'écrire. Au milieu d'une place, sous un cyprès lusitanien, un arbre immense dont les branches partent à l'horizontale et qui peut abriter une centaine de personnes, une vieille femme est assise, immobile, sur un banc. Elle se lève soudain et s'approche de John, qui dit reconnaître « la démarche de quelqu'un qui se réjouit d'arriver. C'était ma mère ! écrit-il.

1. Yves Penay, comédien, metteur en scène, a notamment mis en scène *Psychose 4.48* écrit par Sarah Kane, présenté dans le cadre du festival *off* d'Avignon, au théâtre de la Luna du 5 au 28 juillet 2019. Le court-métrage dont il est question ici a été réalisé avec Valia Boulay et Danielle Molson. On peut le voir sur YouTube.

2. John Berger est un peintre et écrivain anglais, qui s'est installé dans un village de Savoie à partir de 1968.

3. *D'ici là*, Paris, L'Olivier, 2006.

Elle me prit le bras, et d'un commun accord, nous allâmes nous asseoir un peu plus loin.

— Il y a quelque chose que tu ne dois pas oublier John, tu oublies trop de choses, John, la chose dont tu dois te souvenir : les morts ne restent pas là où on les enterre. Les morts, à supposer qu'ils soient morts, peuvent choisir où aller sur terre, à condition qu'ils veuillent y rester, sur la terre.

— Il y a combien de temps que tu as disparu ? lui demande John.

— Tu ne t'en souviens pas ? Je t'avais dit que ce serait comme cela, au-delà des jours, des mois, des siècles, au-delà du temps. Quand je suis arrivée à Lisboa, je suis descendue par l'ascenseur de Santa Giusta, je ne l'ai jamais pris pour monter, je suis descendue avec, nous le faisons tous, tu comprends ! J'y ai vu une centaine d'entre nous. »

John s'étonne car l'ascenseur évoqué ne peut contenir que quarante personnes ! « Nous ne pesons rien[1] », répond sa mère.

Les jours suivants, elle resta cachée. Dans ses promenades, John ne la cherchait pas, mais de temps en temps un détail lui faisait penser à elle.

« Les rencontres suivantes eurent lieu par un matin ensoleillé. Les trams de Lisboa sont de couleur jaune citron… J'avais pris le 28 et c'est en traversant le Barro Alto que je vis ma mère. Elle

1. *Ibid.*

s'aplatit contre un mur pour laisser passer le tram. Elle me repéra et au virage suivant, elle vint se poster près de moi et glisser son bras sous le mien[1]. »

John évoque alors, dans ce dialogue étrange, les souvenirs qui lui reviennent à la mémoire, le numéro de l'autobus qu'il prenait, petit, l'objet le plus merveilleux de cette époque, le baromètre de sa mère, le plat préféré de son père… Puis il parle de la solitude qu'il éprouvait enfant, quand tout l'effrayait. La conversation se poursuit jusqu'à un dernier message, consacré à la raison pour laquelle nous sommes sur terre : « On est tous là, tous, toi, les vivants et puis nous, nous sommes tous là *pour réparer un peu de ce qui a été cassé*[2]. »

Le film d'Yves Penay comme le livre de John Berger m'ont marquée. Parce qu'ils laissent la parole à ceux qui ouvrent une porte, ou le ressentent comme tel. Parce que chacun y puise ce qu'il veut, espoir ou intérêt, crédulité ou conviction. Parce qu'ils attestent combien la gestion de l'invisible est au cœur de nous tous.

*

Parmi les témoignages reçus à ce sujet, celui de Jocelyne Lauzon, une psychologue québécoise, me

1. *Ibid.*
2. *Ibid.*

touche particulièrement. En lisant son mail, j'entends d'emblée l'accent savoureux qu'ont nos amis francophones de l'autre côté de l'Atlantique.

Elle écrit à propos de son grand-père, personne extrêmement importante dans sa vie. Ils habitaient tout près, se voyaient tout le temps et il lui a appris la beauté de la nature. Émerveillée par les histoires fantastiques qu'il inventait en la berçant et par le fait qu'il lui permettait ce que ses parents lui refusaient, elle l'appelait *mon vieux gris*, lui sa *fifille.* Aussi leur dernière conversation fut, pour Jocelyne, essentielle :

« Fifille, penses-tu qu'il y a quelque chose *de l'autre bord* ?

— Je ne sais pas, mais je l'espère, ce serait trop *plate* que ça finisse comme ça.

— Je vais y aller bientôt et s'il y a quelque chose je reviendrai te le dire… mais si je t'apparais, tu risques d'avoir peur.

— Oui, peut-être un peu.

— Ton vieux gris ne t'a jamais conté de *menteries*, fais-moi confiance, je vais trouver une façon, pis tu n'auras pas peur je te le promets. »

Son grand-père est mort trois jours après, victime d'un cancer. Deux semaines plus tard, alors que Jocelyne n'avait pas repensé à leur dernière conversation, elle fait un rêve.

Chez elle, elle monte l'escalier avec du linge propre quand, arrivée en haut, une main vient tasser la pile ; elle se retourne et voit son vieux gris, radieux. Elle le prend dans ses bras en disant : « Ça ne se peut pas ! Vous êtes mort… » Lui répond : « Fifille, je t'avais avertie que je trouverais une façon de venir te le dire, mais je ne peux pas t'expliquer maintenant, tu ne pourrais pas comprendre, même si c'est simple, tellement simple. Je suis plus vivant que jamais. » Alors elle s'est réveillée en souriant.

Bien sûr, de par sa formation de psychologue, elle connaît le rôle de l'inconscient dans le rêve, mais, écrit-elle : « Je me suis promis que jamais je ne laisserais la science me dire que mon grand-père n'a pas rempli sa promesse. »

Quelques jours plus tard, l'université de Montréal lui propose un poste de chargée de cours sur la mort, cours qu'elle a donné pendant plus de vingt ans.

« J'ai toujours adopté la même position avec les endeuillés que j'ai accompagnés ; je n'ai jamais confronté les croyances, mais plutôt tenté d'explorer le sens que ces expériences avaient pour eux. »

*

Un autre témoignage m'a beaucoup émue, celui de ma fille Laure. Quelque temps après le décès de son grand-père paternel, elle a fait le rêve suivant.

« La famille est réunie dans la salle à manger de La Rouvraie, la maison où vivait mon grand-père, Pap. Je suis assise à côté de lui et j'observe, me raconte-t-elle. Tout le monde a le visage gris et terne, lui seul affiche un visage lumineux. Je m'étonne : "Mais Pap, vous êtes mort ! Comment pouvez-vous être là avec nous et paraître si rayonnant ?" "Non, ma chérie, je ne suis pas mort, mais vivant !", me répond-il. » Saurait-on mieux ouvrir une porte ?

*

« La mort met fin à la vie, mais pas à la relation », affirmait un vieux professeur d'université américain à son accompagnateur, Mitch Albom, célèbre journaliste sportif auteur d'un livre bouleversant sur les dernières années de cet homme âgé atteint de la maladie de Charcot[1].

La relation continue en effet, comme en témoignent quantité de personnes en deuil, et tous ces récits. Mais il y a aussi tous les endeuillés qui peinent à poursuivre cette relation. Parce que l'absence physique est vécue comme un abîme. Parce qu'ils attendent un signe qu'ils ne reçoivent pas, alors même que la relation fut intense avec la personne qui les a quittés.

---

1. *La Dernière Leçon de Mitch Albom*, préface et traduction de Marie de Hennezel, Paris, Robert Laffont, 1998.

« Veuve d'un amour absolu, pourquoi n'ai-je jamais obtenu de signes ? » demande ainsi Marie, dans une conversation assez poignante avec Stéphane Alix, dont le journal *Psychologies* publie quelques extraits[1]. Et lui de répondre : « Il s'agit d'être à l'écoute de soi et du monde invisible qui nous entoure en permanence. Créer dans notre quotidien des moments où nous autorisons notre mental à se taire et notre esprit à être disponible. Quinze minutes de méditation par jour changent la vie, et nous ouvrent plus qu'on ne l'imagine à l'invisible[2]. »

Je partage cet avis. Je n'encourage jamais, comme je l'ai écrit plus haut, à aller voir *les marchands de l'invisible*, mais j'incite à oser entrer dans un dialogue secret, profond, intuitif et personnel avec ceux qui sont décédés, et à écouter, simplement, à l'intérieur de soi, dans un rêve peut-être, ce qui pourrait constituer une réponse.

Le fait d'attendre des signes serait-il un obstacle, tant ceux-ci semblent jaillir quand on ne les attend pas ou pas de la manière attendue ? La plupart des témoignages confirment cet aspect inattendu du signe… Néanmoins, certaines personnes souffrent de l'absence de *réponse*.

1. Stéphane Alix, auteur de *Le Test*, Paris, Albin Michel, 2015 et de *Après… Quand l'au-delà nous fait signe*, Paris, Albin Michel, 2020.
2. Interview dans *Psychologies Magazine*, novembre 2020.

La communication avec les morts pose en tout cas nombre de questions. Dont voici les deux les plus fréquemment posées en consultation.

La première est : « Ne faut-il pas laisser les morts tranquilles ? »

Il est vrai que l'on peut être troublé par la phrase de l'Évangile prônant de « laisser les morts ensevelir les morts[1] », expression que certains comprennent comme un interdit de communiquer avec leurs défunts. Or le sens profond du propos est plus simplement d'expliquer que nos morts ne sont pas morts, qu'ils sont vivants pour nous bien qu'absents à notre regard, bien qu'invisibles. Nous pouvons donc faire appel à eux aussi souvent que possible, comme nous l'aurions fait de leur vivant.

La seconde est plus craintive : « Une personne toxique peut-elle, après son décès, devenir une âme toxique pour ceux qu'elle a tourmentés ? »

On sent dans l'interrogation, la peur d'être poursuivi par les pervers qui ont fait du mal, même au-delà de la mort. À tout le moins, cette appréhension montre à quel point le défunt est encore présent, et potentiellement nocif, dans l'esprit des vivants. Il est important alors de faire, vis-à-vis de lui, le même travail de libération que l'on entreprendrait s'il était en vie. Sans entrer dans le détail des moyens dont

1. « Laisse les morts ensevelir leurs morts, et toi, va et annonce le royaume de Dieu » (Lc 9, 60).

les psychothérapeutes disposent en la matière, sachez qu'il est possible de s'adresser au mort, d'exprimer la colère ou le ressentiment éprouvé à son égard, et de lui souhaiter de poursuivre sa route en trouvant la paix. Inventer un acte qui donne encore plus de force à ce geste de libération est aussi envisageable : écrire tout ce que l'on a sur le cœur sur une feuille de papier que l'on brûle sur sa tombe, ou à la flamme d'une bougie posée près de sa photo. L'efficacité symbolique des rituels est forte.

*

Alors que je poursuis la rédaction de ce livre, le rabbin Delphine Horvilleur[1], auteure de *Vivre avec nos morts. Petit traité de consolation*, intervient sur France Inter[2]. En l'écoutant, j'apprends qu'en hébreu « cimetière » se dit « la maison des vivants », parce que « dans ce lieu se joue le récit de la vie de ceux qui nous quittent », parce que l'instant du départ permet de raconter la vie, le parcours du défunt, de « penser les traces » laissées aux autres. Là se joue « une insistance sur le vivant ».

1. Delphine Horvilleur est une femme rabbin française appartenant à l'organisation juive libérale Judaïsme en mouvement issue du Mouvement juif libéral de France et de l'Union libérale israélite de France. Elle officie actuellement à la grande synagogue de Beaugrenelle dans le XVe arrondissement de Paris.

2. Émission Le 7/9, France Inter, 3 mars 2021.

Dans son livre lumineux, cette femme raconte l'accompagnement des endeuillés pendant la période de pandémie. Et nous montre, elle aussi, combien les morts sont présents, nous animent et nous permettent de vivre « à condition de leur faire une place[1] ».

Elle constate, comme moi dans le récent *L'Adieu interdit*[2], les souffrances des familles qui n'ont pu venir accompagner un proche ni lui dire adieu. Si, durant cette période, elle s'est adaptée et a célébré nombre d'obsèques et de cérémonies en utilisant les moyens modernes, Zoom, Skype ou WhatsApp, expliquant avoir « appris à officier constamment avec un écran, à prendre en compte que l'assemblée des présents s'est étrangement élargie[3] », elle n'aurait jamais imaginé ce genre d'évolution. Une constante s'est imposée, et est même apparue plus intense encore en ces temps de confinement : parler des morts est plus important que nous ne voulons l'admettre. Car ils font bel et bien partie de nous. Lorsque la journaliste Léa Salamé lui demande si elle croit aux fantômes, elle répond : « Je crois qu'il y a toujours eu autour de nous des fantômes. Il y en a toujours eu. En temps de crise, ils se font

1. Delphine Horvilleur, *Vivre avec nos morts. Petit traité de consolation*, Paris, Grasset, 2020.
2. Marie de Hennezel, *L'Adieu interdit*, *op. cit.*
3. Propos recueillis par Anne Diatkine dans *Libération*, 13 et 14 mars 2021.

beaucoup plus loquaces, on les voit beaucoup mieux. La question est de savoir quel dialogue on va engager avec eux. Un fantôme, ce n'est pas forcément mauvais, ce n'est pas forcément méchant. On le sait, que l'on y croie ou pas, peu importe, c'est une allégorie. La question, c'est comment vivre avec les résidus dans sa vie, avec ce que vous n'avez pas pu faire, pas pu dire, pas eu le temps de réaliser[1]. »

Et d'ajouter – opinion que je partage – qu'il convient d'apprendre à vivre avec ces *revenants*. Sous condition d'accepter d'en parler, d'accepter aussi de discuter avec eux. « Plus on s'obstine à les ignorer, plus ils s'accrochent, poursuit le rabbin. Le dialogue entre les morts et les vivants est constant, mais dans les périodes de crise, tout se passe comme si les fantômes se cachaient moins, les rideaux bougeaient plus. »

En hébreu, les fantômes sont dits *Rouah'Refaïm*, littéralement *l'esprit décousu.* Delphine Horvilleur pense qu'ils nous tourmentent tant qu'on ne les a pas r*ecousus à nos vies*. Et précise que, dans la mystique juive, on les nomme *Dibbouk*, ce qui signifie *adhésif*, eux qui sont comme du scotch, une présence qui ne lâche pas et colle à l'existence si on n'y prend garde. « Les mots agissent comme du fil

1. Émission le 7/9, France Inter, 3 mars 2021, avec Léa Salamé.

et une aiguille, professe-t-elle. Ils peuvent même, parfois, réparer un peu ce qui, dans les relations effilochées, a pu s'abîmer[1]. »

Conclusion, il faut parler de et à nos morts… si nous ne voulons pas qu'ils viennent hanter nos jours et nos nuits de manière intempestive. Nous expliquer avec un défunt, c'est lui accorder une place dans nos vies. Voilà un enjeu essentiel qui permet de rendre hommage – pas un hommage surfait – à la personne vulnérable et humaine qu'il a été, comme nous le sommes tous, et, dès lors, parfois, de la continuer.

La tradition juive insiste sur le fait que la présence au monde d'un disparu reste solidement accrochée à nos vies grâce aux mots. Ainsi en témoigne la magnifique prière des morts qu'est le Kaddish, qui dit : « Puisse son âme être tissée aux fils de nos vies. »

1. Delphine Horvilleur, *Libération*, 13 et 14 mars 2021.

21

La question de la conscience

J'ai souvent remarqué que ce sont les femmes qui osent se lancer dans l'organisation de colloques sur des thèmes tabous.

Il y a quelques années c'était Jessie Westenholz, qui avait initié un Salon de la mort[1], un sujet bien périlleux.

Fin 2020, Laurence Lucas Skalli[2] me fait l'honneur d'intervenir au cours du colloque « Les états de conscience aux frontières de la mort », qui se

1. Au Carrousel du Louvre, avril 2011. Ce premier rendez-vous consacré à la mort sous tous ses aspects : médicaux, économiques, juridiques, culturels et philosophiques a commencé à faire tomber les tabous de la fin de vie. Tous ceux qui participent à la préparation de la mort et à la solution des problèmes qu'elle impose étaient réunis : 14 500 personnes.

2. Laurence Lucas Skalli, médecin psychiatre, fondatrice et présidente du fonds Médecine et états de conscience.

déroule en visioconférence[1]. Le thème principal de cette manifestation se résume en une question : la conscience existe-t-elle en dehors du cerveau ?

Je me souviens d'avoir eu, à cette occasion, au moment de l'affaire Vincent Lambert, quelques échanges acerbes avec des médecins qui prétendaient que cet infirmier en état végétatif, soigné pendant plus de dix ans au CHU de Reims, n'avait plus de conscience, seulement des réflexes.

Ma position tenait à une vidéo, tournée par son frère, montrant qu'il pouvait suivre du regard, et qu'il tentait même de marmonner quelque chose. Le film m'avait troublée, je l'avoue. Le jeune homme était considéré par beaucoup comme étant en état végétatif chronique, pauci-relationnel, alors que ses parents affirmaient qu'ils avaient des bribes de relations avec lui, ce qui, à leurs yeux, attestait du minimum de conscience. À la suite de plusieurs expertises, la justice avait conclu à l'absence totale de conscience, et à la nécessité d'arrêter les soins qui le maintenaient en vie. Fin de ce que certains considéraient comme de l'acharnement thérapeutique, ou euthanasie ? Le dilemme n'était pas tranché, et le débat n'a pas vraiment eu lieu, faute sans doute d'en savoir assez sur ce qu'est la conscience.

1. Colloque « Les états de conscience aux frontières de la mort », 31 octobre-7 novembre 2020.

*

Ce thème m'a toujours fait m'interroger. Lorsque je me trouvais au chevet de mourants, dont la plupart avaient sombré dans un coma agonique en ces dernières heures de leur vie, le doute m'habitait. En tant que psychologue clinicienne dans l'unité de soins palliatifs, ma fonction, ma mission, consistait à encourager les proches à poursuivre leur accompagnement, à se servir des mots, des gestes, pour témoigner du non-abandon. Et savoir ce qu'il en était de la conscience, forcément, revenait sans cesse dans mon esprit.

Je me souviens de cette femme éplorée venue me voir au bureau que j'occupais dans l'Unité de soins palliatifs pour me dire : « Ça y est, mon mari est dans le coma ! Et je ne lui ai même pas dit que je l'aimais. Cela fait trente ans que nous avons cessé de nous le dire, mais j'aurais tant voulu qu'il meure en sachant que je l'aime toujours ! » Je l'ai encouragée à retourner au chevet de son mari et à lui dire tout ce qu'elle avait sur le cœur. « Votre mari entendra, avais-je osé affirmer, car, même dans le coma agonique, les personnes captent la qualité affective de ce qui leur est dit. »

Cette femme est revenue quelques heures plus tard, toute bouleversée. « Vous aviez raison, me dit-elle, j'ai parlé à mon mari. Il n'a pas ouvert les yeux, mais j'ai vu une petite larme couler le long de sa joue ! »

J'ai cité, dans *La Mort intime*, l'exemple d'un homme en phase terminale de cancer, resté plus d'un mois dans le coma, sans être alimenté parce que nous attendions qu'il meure d'un moment à l'autre. Or, il restait en vie, ce qui laissait les médecins perplexes. On m'avait demandé de rencontrer sa famille. En parlant avec son ex-épouse, j'avais découvert qu'il avait une fille de son premier mariage. Une adolescente de quatorze ans qui n'était pas venue le voir dans l'unité des soins palliatifs, sa maman préférant qu'elle garde de lui une image intacte. La jeune fille réclamait pourtant cet adieu. Il m'avait semblé évident que si cet homme ne mourait pas, c'était parce qu'il attendait sa visite. Les inconscients communiquent ! J'avais convaincu la mère, en lui assurant que nous ferions tout pour qu'il soit *présentable*.

Lorsque l'adolescente arriva, elle fut accueillie par une aide-soignante qui l'encouragea à parler à son père et lui montra même qu'elle pouvait masser ses pieds afin de lui faire du bien. Une idée lumineuse que de permettre à cette jeune fille de dire au revoir à son père de cette façon. On m'a rapporté que l'adolescente avait parlé avec beaucoup de naturel à son père dans le coma, en mettant dans ses mains tout l'amour qu'elle éprouvait pour lui. L'homme est mort dans la nuit qui a suivi.

Cette scène, comme d'autres, m'a confortée et je conseille toujours aux familles et aux proches, de continuer à parler, toucher, bref, de dire adieu à quelqu'un dans le coma.

*

Une autre histoire m'a convaincue du peu que nous savons de la relation entre ceux qui semblent ne plus être conscients et leurs proches.

À l'Hôpital maritime de Berck[1], j'enquêtais pour mon livre *Le Souci de l'autre*[2]. Lors de cette visite, une aide-soignante s'occupant du nursing d'une jeune femme en état végétatif chronique, qui semblait inconsciente, m'assura qu'en dépit des apparences, une forme de lien – pourrait-on le qualifier d'invisible ? – subsistait. Est-ce parce qu'au moment de mourir, les malades qui n'ont donné aucun signe de relation pendant des années, expriment « une sorte d'appel à l'intention de leur mère » ?

1. L'Hôpital maritime de Berck accueille les plus grands handicaps, les personnes atteintes du LIS (*locked-in syndrome*), mais aussi des personnes en état végétatif chronique. Longtemps considéré comme le « Cayenne de l'Assistance publique », selon le mot d'Odile Bodo, ancienne directrice qui m'avait reçue le 5 février 2002, l'établissement jouit aujourd'hui d'une belle réputation grâce au témoignage de Jean-Dominique Bauby, auteur de *Le Scaphandre et le Papillon*, Paris, Robert Laffont, 1997.

2. *Le Souci de l'autre*, prix Livre et Droits de l'homme de la Ville de Nancy, Paris, Pocket, 2005.

Toujours est-il qu'elle a ensuite évoqué le cas d'une autre patiente, que sa mère venait voir tous les jours. Et puis, un jour, cette dernière est décédée dans un accident de voiture. Que faire ? Les soignants, me raconta-t-elle, n'ont pas osé prévenir leur patiente que la visite quotidienne n'aurait plus lieu. Quelques jours plus tard, sans raison apparente, la jeune femme s'est éteinte.

L'aide-soignante me dit le fond de sa pensée : « La jeune femme restait vraisemblablement en vie, malgré son état, parce qu'elle comptait pour quelqu'un. Quand elle a constaté que sa mère ne venait plus, elle a sans aucun doute compris. Et elle est partie la rejoindre. »

Il est bien difficile de saisir le mystère des relations secrètes, intimes, qui se nouent entre une mère et son enfant cloîtré dans le coma des années durant. Peut-être doit-on se contenter de les accepter telles qu'elles sont, avec leur opacité et leur apparente absurdité[1].

1. *Ibid.*, p. 143.

22

Aux frontières de la mort

« Est-ce qu'on peut tranquillement, comme le Petit Prince, aller à la mort, en sachant que c'est difficile puisqu'on va quitter les siens, mais en sachant que ce n'est pas forcément cette castration ultime qu'on a voulu nous faire croire ? », demande Éric Dudoit, dans *Ces EMI qui nous soignent*[1].

Cette question, aussi, me taraude.

*

Au colloque « Les états de conscience aux frontières de la mort » se succèdent les intervenants. Le

1. Éric Dudoit est docteur en psychologie clinique et psychopathologie, responsable de l'unité de psycho-oncologie du service de soins palliatifs du CHU La Timone à Marseille. J'avais préfacé son livre, *Au cœur du cancer. Le spirituel* (Marseille, Glyphe, 2014) en 2007.

professeur Steven Laureys[1], le philosophe Michel Bitbol[2], le docteur Scott Taylor, président du Monroe Institute, le professeur Axel Kahn[3], le professeur Emmanuel Hirsch[4], le physicien Emmanuel Ransford[5], le professeur Scott Taylor, le professeur Étienne Klein[6], tous des sommités dans leur domaine. Et puis intervient le docteur Sylvie Cafardy[7], une gériatre de Montluçon dont les propos fermes et pleins d'humilité sur les expériences à l'approche de la mort[8] semblent décalés pour l'assistance. Je sors de

1. Steven Laureys a acquis une renommée mondiale pour ses travaux sur la neurologie de la conscience et le coma. Il est professeur de clinique au service de neurologie du Centre hospitalier universitaire de Liège. Et fait partie du groupe relativement restreint de chercheurs qui ont étudié les modifications neurologiques associées aux états méditatifs et à l'hypnose.

2. Michel Bitbol, directeur de recherche CNRS aux archives Husserle, ENS, Paris. En 1997, l'Académie des sciences morales et politiques lui a décerné un prix de philosophie des sciences.

3. Axel Kahn, directeur de recherches à l'Inserm et ancien directeur de l'institut Cochin. Il a présidé l'université Paris-Descartes, puis la Ligue nationale contre le cancer. Il est mort d'un cancer en juillet 2021.

4. Emmanuel Hirsch, professeur d'éthique médicale à la faculté de médecine de l'université Paris-Saclay, président du Conseil pour l'éthique de la recherche et l'intégrité scientifique de Paris-Saclay, directeur de l'Espace de réflexion éthique de la région Île-de-France et de l'Espace national de réflexion éthique sur les maladies neurodégénératives.

5. Emmanuel Ransford, diplômé de l'École polytechnique, développe une approche qui tente de concilier matière et conscience et suggère un éclairage novateur sur le cerveau conscient… Un sujet qui reste polémique.

6. Étienne Klein, philosophe des sciences, directeur de recherches au CEA, anime tous les samedis sur France Culture *La Conversation scientifique*.

7. Sylvie Cafardy, médecin gériatre, auteur de *Expériences de mort imminente*, Paris, HumenSciences, 2014.

8. Expériences de mort imminente, identifiées par le Dr Raymond Moody en 1975. Elles ont fait l'objet de nombreuses recherches et découvertes dans le monde entier. Elles surviennent chez des personnes en danger de mort, en réanimation, mais parfois aussi chez des individus en bonne santé dont la survie n'est pas menacée.

la conférence avec le sentiment que la science n'est pas près de pouvoir expliquer ce qu'est la conscience, et encore moins la mort.

De fait, Étienne Klein a sans doute été celui qui a le mieux résumé l'impasse dans laquelle se trouve la science. « Personne ne peut rien dire de la mort. Aucune expérience de mort imminente ne peut nous dire quelque chose de la mort, puisqu'on revient pour en parler. » De même, la question de savoir si la conscience est réductible à son substrat matériel, c'est-à-dire au cerveau, est non résolue. « Personne ne peut affirmer que la conscience bénéficie d'une extra-territorialité par rapport aux lois physiques, dit-il. En physique, nous comprenons la corruption, la transformation, la dissolution, nous saisissons que quelque chose subsiste quand les formes passent, nous comprenons le changement, mais la mort tranche sur tout cela. Bien qu'inéluctable, elle reste réfractaire à la pensée, à la physique, comme si elle était transcendante par rapport à tout ce que nous pouvons vivre. » Tout est dit en peu de mots.

Mais si la science ne peut rien affirmer quant à ces expériences aux frontières de la mort, pourquoi font-elles l'objet d'un colloque[1] ? J'ai évidemment ma propre idée sur la question, et c'est la raison pour

1. Colloque « Les états de conscience aux frontières de la mort », cité plus haut.

laquelle Laurence Lucas Skalli m'a proposé d'intervenir.

En tant que psychologue en soins palliatifs, lorsque je me suis retrouvée au chevet de personnes qui n'avaient plus que trois semaines à vivre, j'ai vu l'angoisse que crée l'inconnu de la mort. Que les mourants soient soutenus ou non par une foi religieuse, qu'ils aient ou non une représentation apaisée de ce qui pourrait advenir de l'autre côté, tous appréhendaient ce saut dans l'inconnu. Je me suis d'ailleurs rendu compte que les croyances s'effondraient à ce seuil : celle en la néantisation comme celle d'une autre forme de vie. Le « au fond ! personne ne sait rien ! », entendu si souvent, correspond à ce qu'Étienne Klein affirma dans son intervention. Cela ne signifie pas pour autant que tous les mourants plongent avec angoisse. « Puisque c'est un mystère, rien ne nous interdit de nous abandonner avec confiance », m'ont confié nombre d'entre eux.

*

C'est à cette période , celle de mon entrée dans les soins palliatifs, que j'ai rencontré Louis-Vincent Thomas, qui a tant écrit sur les rites de la mort. Tous deux, nous faisions partie de Iands[1], une association

1. Iands-France, Association internationale pour l'étude des états proches de la mort, dirigée par Louis-Vincent Thomas jusqu'en 1994, puis par Évelyne-Sarah Mercier.

américaine pour l'étude des états proches de la mort. Lors d'un déjeuner, cet ami anthropologue me dit que les EMI constituent un mythe moderne, qui plus est un mythe laïque. Et qu'on n'est pas obligé de croire à une religion pour admettre que certains, au seuil de mourir, vivent une expérience qui modifie complètement leur perception de la mort. « Je vous engage à raconter ces NDE[1] à vos patients mourants, lorsque vous les sentez angoissés. Vous verrez, vous les apaiserez », avait-il recommandé.

Éprouvant un respect immense pour Louis-Vincent Thomas, j'ai suivi son conseil. Et j'ai constaté, en effet, que ces récits produisaient un effet bénéfique sur les mourants.

C'est pourquoi j'ai écouté avec attention les interventions médiatiques de Sylvie Cafardy[2] et de Sonia Barkallah[3]. En 2010, j'avais vu le documentaire *Faux Départs*, dans lequel deux médecins témoignent de leur *expérience empathique* au chevet de leur parent mourant. Le docteur Jean-

1. La NDE ou expérience de mort imminente, alias EMI, évoque les sensations et visions « consécutives à une mort clinique ou à un coma avancé. »

2. Cette gériatre a publié une thèse sur le sujet en 1999, où elle rappelle que ces expériences aux frontières de la mort peuvent être vécues par des proches au chevet d'un mourant. Voir son livre, *op. cit.*

3. Sonia Barkallah est productrice. En 2010, elle a réalisé et produit un documentaire, *Faux Départs*, sur les EMI. Son film est considéré comme une référence sur le sujet. En 2013, elle a organisé à Marseille un colloque international sur les EMI. Et écrit *Et si cela vous arrivait ?*, Paris, Hachette Livre.

Pierre Postel[1] et son épouse, Anne, pédopsychiatre, y expliquent avoir vu une « brume apaisante » s'échapper du corps de l'agonisant, puis s'éloigner, en reculant. « Il y avait une petite silhouette humaine qui était au bord d'un tunnel et ne voulait pas sauter. À ce moment-là, je lui ai dit : “Tu peux y aller, il n'y a aucun danger, pars, c'est bon, tu peux plonger”, raconte Jean-Pierre Postel. Ensuite, j'ai vu une brume, comme la brume que l'on voit au petit matin, un peu cotonneuse, qui s'est dissipée progressivement. À ce moment-là, je savais qu'il était parti. C'était terminé. Il avait franchi son pas. »

Le médecin explique que cette expérience lui a donné une vision différente de son métier, du départ des patients dans le coma ou des mourants dans son service de réanimation. Et qu'il les regarde, désormais, autrement.

Sylvie Cafardy affirme, elle, que les soignants qui ont vécu une EMI sont très apaisés dans leur manière de prendre soin des mourants. « J'ai appris que les *expérienceurs* sont définitivement guéris de la peur de la mort inscrite dans nos gènes par des millions d'années d'évolution, car une espèce qui n'a pas peur de la mort n'existe pas. Les effets psychologiques des EMI sur ceux qui en ont l'expérience

1. Le Dr Jean-Pierre Postel a été le chef du service des urgences et réanimation du centre hospitalier de Sarlat.

sont étonnants. Ces derniers disent que cela transforme leur vie en profondeur. »

*

Que vivent-ils, au cours de l'expérience de mort imminente ?

Le Dr Raymond Moody est formel. Ses recherches montrent que, dans le monde entier, *les expérienceurs* connaissent plus ou moins les mêmes étapes. Ils sont comme tout le monde, ont un métier, une famille, ont fait des études. Leur profil ne correspond pas à ceux de personnes psychiatriquement perturbées. Ils commencent par vivre une sortie du corps (*out of body experience* – OBE), puis voient leur corps sur le lit d'hôpital, coincé dans une voiture complètement détruite, ou allongé, sans vie, dans un champ par exemple, ainsi que tout ce qui se passe autour : les chirurgiens en salle d'opération, les gens en état de choc, affolés autour du véhicule accidenté. Ils sont ensuite entraînés dans une sorte de vortex lumineux, ou dans une rivière en crue, ou vers un tunnel sombre et étroit. Une fois de l'autre côté, ils témoignent s'être sentis libérés, avoir eu l'impression de flotter légèrement. Beaucoup racontent avoir vu leur vie défiler devant eux en accéléré. Des épisodes qu'ils regrettent, d'autres dont ils sont fiers émergent, sans jugement, simplement en constat. « J'ai eu accès à ce qu'est l'essence de la vie. Je n'aurais jamais imaginé que tout était connecté dans cette vie, dit une femme qui a vécu cela à l'âge de vingt ans. J'avais le sentiment de faire partie du Tout. »

Vient ensuite la rencontre avec des êtres de lumière, des membres de sa famille que l'on n'a pas connus, d'autres, morts plus récemment. Ils ont tous l'air jeune et en bonne santé, se montrent accueillants. Françoise Dolto disait qu'après la mort, « on est attendu par un comité d'accueil ».

Certains de ces *expérienceurs* assurent qu'ils se sont sentis si bien, si reliés, si libres qu'ils n'avaient aucune envie de revenir sur terre, dans un corps limité et une vie contrainte. « Ça palpitait d'une énergie créatrice. J'étais comme en extase, consumée d'un désir de me fondre dans cette lumière », raconte l'une des personnes que j'ai moi-même interviewées.

Et, tout à coup, l'expérience s'arrête. Certains expliquent avoir compris qu'ils avaient encore quelque chose à accomplir ici-bas, d'autres disent avoir entendu la voix d'un proche éploré les suppliant de rester. Face au dilemme demeurer ou revenir sur terre, ils ont pensé à ceux qu'ils avaient laissés derrière eux, un conjoint, un enfant, à leur peine. Et ce, alors qu'ils se sentaient bien là où ils étaient partis.

Les *expérienceurs* qui témoignent ont, par définition, choisi de revenir, mais ce retour n'est pas agréable ; certains évoquent même une chute. Il s'agit d'*enfiler son corps,* avec la sensation d'enfiler une combinaison de plongée trop étroite ! Tout se brouille, la lumière disparaît, les douleurs se manifestent.

À plus long terme, les personnes ayant vécu une EMI y pensent comme à un cadeau de la vie, car elles n'ont plus peur de mourir. Elles ont acquis une conscience aiguë de la valeur de l'existence, ainsi que des qualités nouvelles, une plus grande intuition, une capacité d'empathie envers ceux qui souffrent, un sens accru des responsabilités, un goût pour la nature, pour l'émerveillement, pour la contemplation. Bref, une intense envie de vivre, d'aimer et d'apprendre. Toutes affirment que la réponse à la question du sens de la vie, c'est vivre.

Cette expérience reste le plus souvent secrète, car nombreux sont ceux qui ont peur qu'on ne les croie pas, qu'on se moque d'eux ou qu'on les prenne pour des fous. Avant que le Dr Moody ne publie ses recherches, personne, en effet, ne pouvait raconter une pareille expérience.

Aujourd'hui, la science s'intéresse aux EMI, et comme nous pouvons le constater à travers les nombreux témoignages et les colloques sur ce sujet, plus personne n'hésite à faire part de ce genre de vécu.

23

La peur de l'invisible

Jusqu'à maintenant, chaque fois que j'ai interrogé autour de moi sur le rapport que les uns et les autres entretiennent avec l'invisible, on m'a toujours parlé d'un invisible bienveillant et protecteur. Mais, ce soir, je dîne avec un groupe d'amis qui manifeste clairement sa réticence à évoquer ce sujet. J'essaie de creuser un peu ce qui me semble être une méfiance face à une question trop mystérieuse, et qu'ils ne maîtrisent pas. Je me rends compte qu'il ne s'agit pas seulement d'une forme de désintérêt, mais d'une vraie peur, qui témoigne, au contraire, d'une croyance dans l'existence d'un invisible maléfique, d'esprits destructeurs, bref une croyance dans les forces du mal.

J'avoue alors avoir éprouvé moi-même cette peur. C'était à l'adolescence.

*

Interne à la maison d'éducation de la Légion d'honneur, en 1963, j'avais participé, plusieurs semaines durant, à des séances de spiritisme, initiées par l'une de mes camarades de classe. À 19 heures, après l'étude, notre petit groupe s'éclipsait dans une salle vide, près des toilettes, pour y pratiquer un rituel de communication avec les esprits. Assises en cercle, par terre, nous avions placé un grand miroir au sol, des lettres venant d'un jeu de Scrabble tout autour, et au centre, un verre à pied retourné. Chacune des huit participantes plaçait son index légèrement au-dessus du verre, sans le toucher. Et, chaque soir, pendant une demi-heure avant le dîner, nous interrogions l'esprit qui voulait bien venir à notre rencontre. « Esprit, es-tu là ? Quel est ton nom ? » Le rituel commençait ainsi.

Force était de constater que le verre se déplaçait d'une lettre à l'autre. Ainsi, Henri, Odile, Germaine, Jacques répondaient aux questions que chacune posait sur ce qui préoccupait son esprit d'adolescente. Ensuite épuisées, vidées, nous nous précipitions au réfectoire pour récupérer un peu de forces avant de rejoindre le grand dortoir aux cent lits, où, couchées côte à côte, nous partagions notre excitation, jusqu'à une heure tardive, défiant les allées et venues de la surveillante.

Après plusieurs semaines de ce rituel particulier, un soir, à la question « Esprit, quel est ton nom ? », une réponse terrifiante surgit : SATAN ! Et le verre se brisa en mille morceaux. Imaginez la dispersion – paniquée – de notre groupe d'apprenties spirites !

Ce récit fut abondamment commenté. Plusieurs de mes amis racontèrent avoir, eux aussi, dans leur jeunesse, vécu ce genre d'expérience. Furent évoquées les tables qui tournent, le livre de Victor Hugo sur la question. On a conclu que l'appétence pour ce genre d'expérience avait disparu de nos jours, vraisemblablement parce que plus personne ne croyait à une telle forme de communication avec l'invisible[1]. « Mais l'invisible sous son aspect maléfique existe bien ? Tu rencontres sûrement des gens qui t'en parlent », me demandèrent néanmoins les convives.

À cette « bonne question », j'ai répondu que je ne m'intéressais pas à l'invisible en tant que tel, mais à la relation que mes contemporains établissent avec ce qu'ils ne voient pas, mais qu'ils imaginent ou ressentent. Expliqué aussi que certains peuvent sentir que l'invisible dont ils sont encadrés

1. D'après Jacques Babinet, le phénomène est mécanico-physiologique. Les gens exécutent des mouvements musculaires inconscients. C'est ce qu'on appelle l'effet idéomoteur. Il faut écarter toute intervention de force mystérieuse en contradiction avec les lois physiques bien établies par l'observation et l'expérience.

(n'oublions pas la phrase de Rilke) leur veut du mal, quand d'autres auront le sentiment inverse.

Reste que je vis bien, dans leurs yeux, une crainte remontée du fond des âges.

*

Les bouddhistes ont une explication à ce genre de moments ou de « manifestations » de l'ailleurs, qui me semble simple : les pensées créent des énergies. Et ces énergies se manifestent sous forme d'images bienveillantes ou maléfiques, productions de notre imaginaire qui possèdent une réelle puissance. Comme on affirme qu'une pensée positive a un effet certain sur le corps, on peut affirmer qu'une pensée négative aussi. Ce que les ésotéristes appellent magie blanche ou magie noire n'est rien d'autre que la projection du souhait de faire du bien ou du mal. Ce sont les désirs, en fait, qui opèrent.

Un de mes confrères psys m'avait expliqué un jour que l'on pratique tous de la magie noire. Quand on est de mauvaise humeur, ou agressif, on envoie une information négative qui vise à faire du mal. Mais si on est dans une énergie positive, ces vibrations toxiques ne nous atteignent pas.

Tous les psychologues le savent, et les recherches en neurosciences le démontrent aujourd'hui, il existe une puissance de l'esprit sur le corps.

*

Dans ma carrière d'analyste et de psychothérapeute, j'ai fréquemment rencontré des personnes persuadées d'avoir été envoûtées, convaincues qu'on leur avait jeté un sort, et que leurs souffrances étaient le résultat de telles malveillances. Déconstruire ces croyances fait partie du travail de l'analyste. Et montrer le mécanisme projectif mène à la guérison.

Lors d'une analyse, la conviction d'être victime d'un sort conduit à travailler son *ombre*, ses propres pulsions agressives, son *démon intérieur*. Il s'agit souvent d'une violence refoulée que l'on projette sur un autre. Prendre conscience de cette *ombre* suppose de plonger dans son histoire, de mettre à jour les violences que l'on a soi-même subies, les colères étouffées, voire le monstre que l'on a été en différentes circonstances. Un travail exigeant et difficile qui délivre, généralement, du sentiment paralysant que l'autre vous veut du mal. Il libère aussi le potentiel d'évolution de la personne ainsi que sa vitalité.

Cependant, me rappelle mon confrère, il ne faut pas sous-estimer ceux qui pratiquent la magie noire de manière consciente, ritualisée, en employant des symboles qui donnent beaucoup de force à leur pensée maléfique. Plus la personne qui s'y adonne est avancée dans sa pratique (c'est le cas de certains sorciers en Afrique), met son énergie vitale dans ses rituels, plus il faut que celui ou celle en face soit conscient et éveillé pour résister. Donc, ce n'est pas si simple. Même si peu de gens pratiquent réellement la magie noire, ils existent.

Alors que faire lorsqu'un patient est convaincu, malgré la déconstruction du fantasme évoquée plus haut, d'être victime d'un de ces « magiciens » ?

Personnellement, inspirée par les travaux de Tobie Nathan[1], je fais appel à la capacité imaginaire du patient ; je l'invite à se représenter une coque de protection lumineuse autour de lui, ou à convoquer la présence d'un invisible bienveillant, un ange, une personne décédée qu'ils considèrent comme protectrice. Le sentiment d'être protégé par l'invisible est très efficace. Dans ce genre de circonstances, je précise souvent : « Dès lors que vous êtes bien centré, que vous laissez rayonner votre lumière intérieure, personne ne peut rien contre vous. Vous êtes inattaquable. La lumière est plus forte que l'ombre. »

*

Il ne faut pas non plus sous-estimer le danger à explorer le monde de l'invisible.

1. Tobie Nathan, psychologue, a beaucoup écrit sur l'ethnopsychiatrie et s'est intéressé aux techniques de la suggestion dans les psychothérapies et à tous les rituels de désenvoûtement.

Une amie de longue date, Claire, a vécu un drame à ce propos. Voici quelques années, son fils Victor[1], âgé de trente ans, a mis fin à ses jours. Peu avant son suicide, il avait prévenu sa mère et sa sœur qu'il rejoindrait l'invisible, un monde qui le fascinait depuis longtemps, fascination qui l'avait conduit à toutes sortes d'expériences sur les pouvoirs de la psyché.

Victor, jeune homme très brillant, avait fait des études de philosophie à l'université et obtenu les meilleures distinctions[2]. Il tenait un discours sur l'invisible qui aurait pu faire penser qu'il était un peu fou, mais ce n'était pas le cas : aucune distorsion de la personnalité, pas de confusion mentale, de bouffée délirante, de difficulté à vivre le quotidien. Il était juste un être surdoué, à l'intuition hors du commun. Toutes ses expériences paranormales étaient contrôlées et faisaient l'objet d'une concentration très forte, contrairement à ce que l'on observe chez les psychotiques. Lui cherchait à changer d'état de conscience pour entrer dans des *mondes subtils*, ceux décrits depuis la nuit des temps par les grands mystiques. Une seule chose intéressait Victor : explorer le monde de « l'imaginal[3] », cet intermonde entre le sensible et l'intelligible que certains appellent l*e monde de l'âme*.

1. Le prénom a été changé par souci de confidentialité.

2. Le professeur de philosophie de Victor a témoigné après sa mort en écrivant : « C'était un élève très brillant, sensible, élégant, toujours inquiet de toucher le juste, un passeur de lumière. »

3. *Le monde imaginal*, décrit par Henry Corbin.

Quand Victor s'est suicidé, sa sœur, qui se trouvait à des kilomètres, a ressenti une horrible angoisse, une violente envie de se jeter par la fenêtre. Sortie à l'extérieur de chez elle, elle a vu les nuages s'écarter, comme si le ciel s'ouvrait. Le lendemain, elle a appris que le décès de son frère s'était produit exactement à cet instant-là.

Après sa mort, Victor s'est manifesté à de multiples reprises. L'un de ses amis, qui pourtant n'était pas associé aux recherches et qui a les pieds sur terre, prétend avoir vu le « corps de lumière » du jeune homme, un soir près de sa cheminée. Il en a été bouleversé au point que sa vie a ensuite changé du tout au tout.

Victor apparaît encore régulièrement dans les rêves de sa sœur, pour lui dire non seulement qu'il est vivant, mais qu'il est *ressuscité*.

Son entourage est – qui ne le serait ? – profondément marqué par ces manifestations, et mon amie Claire a la conviction que la mort est juste un continuum de la vie, que l'on reste vivant mais dans un corps plus subtil, un corps d'énergie. « Les morts sont là, autour de nous, ils vont et viennent. »

Ce corps subtil, Claire l'a senti de manière très palpable, elle aussi, dans les semaines ayant suivi le suicide de son fils. Une impression qui s'est ensuite estompée.

Depuis, elle est persuadée que l'on a intérêt à travailler, ici, sur terre, pour le chemin de l'âme de l'autre côté, pour ce continuum de la vie. Et ce chemin, c'est celui de l'amour. Elle voit comme un non-sens d'avoir peur de la mort, elle-même ne la redoutant plus du tout. Et de professer que le passage n'est difficile que si l'on ne s'est pas préparé, que plus on est conscient avant, plus c'est facile ensuite, qu'il y a urgence à faire la paix avec la mort.

Il semble, ajoute Claire, que Victor ait joué avec des forces qui le dépassaient. Qu'il ait cherché à acquérir des pouvoirs magiques et ait manqué de discernement. Ce qui lui fait regretter que son fils ait été si seul dans sa recherche, qu'il n'ait pas eu un maître pour le guider. Emporté par son désir de toute-puissance, il est allé trop loin et s'est perdu. Sa mort restera un mystère qu'on ne peut juger.

*

Le contexte de la crise sanitaire a renforcé la peur de l'invisible. La perte de confiance dans la parole des scientifiques et des politiques a fait des ravages dans la société. Les gens ne savent plus qui ni quoi croire, le complotisme bat son plein.

J'ai évoqué, dans cet ouvrage, la propension des personnes à se tourner vers leurs invisibles protecteurs. Mais je voudrais témoigner également des bienfaits de toutes les techniques de visualisation positive. J'en ai été convaincue lors d'un colloque à Montpellier sur la médecine tibétaine présidé par le médecin du Dalaï-Lama, dans les années 1980. C'est là que j'ai découvert les principes de cette pratique fondée sur le lien entre l'esprit et le corps.

Les sept cents médecins et professionnels de santé présents se souviennent avoir été invités à pratiquer un exercice singulier[1]. Les yeux fermés, on nous a demandé d'imaginer un faisceau lumineux pénétrant par le sommet du crâne et emplissant de lumière l'intérieur de notre boîte crânienne. Puis de scanner l'intérieur de notre corps avec cette lumière, métaphore de l'énergie. Un exercice qui a pris quelques minutes, même s'il a été conseillé de nous attarder sur les organes plus fragiles ou malades.

Cet exercice nous fut présenté comme une façon de remercier nos cellules – invisibles à l'œil nu, elles aussi – pour tout le travail qu'elles accomplissent en permanence afin de nous maintenir en vie et en santé. Une idée que j'ai trouvée fort belle.

Depuis douze ans, j'enseigne cet exercice à ceux qui suivent mes séminaires consacrés à l'art de bien vieillir. Et, depuis la crise sanitaire, je ne me prive pas de le partager avec toutes les personnes qui

1. J'avais raconté cette scène à François Mitterrand en 1987, lequel m'avait dit ensuite qu'il avait adopté cet exercice qui lui faisait beaucoup de bien. Voir *Croire aux forces de l'esprit*, *op. cit.*, p. 79.

craignent d'être contaminées par l'ennemi invisible qu'est le coronavirus. Cela ne dispense pas des gestes barrières, ni des vaccins bien sûr, mais redonne confiance dans son corps. Comme me le disait une amie : « En faisant cet exercice, je me sens plus confiante, plus vaste. Je n'ai plus peur qu'un intrus entre dans ma maison. »

Épilogue

Comment ne pas terminer ce livre par un hommage à ceux que l'on nomme, à tort, les *mal-voyants* ?

Ils ne sont pas seulement « encadrés par l'invisible », ils vivent dans l'invisible. Et leur expérience nous apprend beaucoup sur nous-mêmes, sur toutes les facultés endormies dans un monde qui privilégie, lui, le visible. Je pense aux non-voyants que nous connaissons, aux autres aussi, comme à ces personnes qui, en vieillissant, sont atteintes de dégénérescence maculaire (DMLA). Bien sûr, le rapport à l'invisible n'est pas le même si l'on est né aveugle ou si la cécité est due à une maladie ou à un accident.

Certains non-voyants célèbres – j'évoquerai deux d'entre eux – nous offrent à travers livres ou émissions de radio un véritable enseignement. Sans en faire des gourous ou des maîtres, je suis d'avis qu'ils nous tirent vers le haut et nous montrent, une fois de plus, les immenses ressources internes de l'être humain.

*

J'ai découvert, il y a quarante ans, l'autobiographie de Jacques Lusseyran[1] *Et la lumière fut*[2]. Ce livre m'a – si j'ose écrire – ouvert les yeux.

J'ai dévoré le témoignage de cet homme, aveugle depuis l'âge de huit ans, qui, après avoir monté un réseau de résistants de six cents garçons et filles baptisé Défense de la France, a été dénoncé et déporté à dix-neuf ans à Buchenwald. Dans une interview donnée à la radio le 1er janvier 1954[3], il parle de ces deux « événements » – la cécité et Buchenwald – qui lui ont imposé une limitation de

1. En 1941, Jacques Lusseyran, alors qu'il est aveugle et n'a pas dix-huit ans, entre en Résistance en rejoignant le mouvement Défense de la France. Le 20 juillet 1943, il est arrêté par la Gestapo, interrogé pendant des jours interminables et enfermé à Fresnes. Il sera déporté en 1944 à Buchenwald. Comment un aveugle peut-il survivre à cet enfer ? Grâce à la protection d'un groupe de Russes et à sa connaissance de l'allemand qui lui permettra d'informer les autres déportés des agissements des SS. Après un an et demi d'horreur, il est libéré et revient en France où il poursuivra ses études en affirmant ses aspirations littéraires balayées par la guerre. Jacques Lusseyran deviendra un brillant conférencier et enseignera la littérature française dans différentes universités américaines. En 1971, il meurt avec sa femme dans un accident de voiture, il a alors quarante-sept ans.

2. Paris, Le Félin, 2011.

3. Interview radio de Jacques Lusseyran, le 1er janvier 1954, document de l'INA.

sa liberté et de son espace de manière incroyable. Puisque, dans les deux cas, son univers s'était brutalement rétréci, était devenu exigu : « Je m'étais senti obligé, si je voulais de la place, de la chercher au fond de moi. Ces événements m'ont obligé à attendre du *dedans de moi* que le bonheur naisse. » À le lire émerge une approche de la cécité qui ne peut laisser indifférent, car, loin de la vivre comme une catastrophe, Jacques Lusseyran l'appréhenda comme une opportunité. « Elle m'a donné la chance d'un bond très brusque dans ma vie intérieure et d'apprendre à regarder tous les événements que je vivais du dedans[1] », écrit-il.

Lusseyran évoque aussi l'instinct qui lui a fait changer de direction. « Je me suis mis à regarder de plus près. Non pas plus près des choses, mais plus près de moi. À regarder à l'intérieur, vers l'intérieur, au lieu de m'obstiner à suivre le mouvement de la vie physique vers le dehors. Cessant de mendier aux passants le soleil, je me retournai d'un coup et le vis de nouveau : il éclatait là, dans ma tête, dans ma poitrine, paisible, fidèle[2]. »

Nous revoilà au cœur de ma réflexion sur l'invisible. Jacques Lusseyran, bien qu'ayant perdu la vue et aussi « grâce » à cela, nous montre que ce

1. Lusseyran, *Et la lumière fut*, *op. cit.*
2. *Ibid.*, p. 26.

que nous croyons séparé, les mondes extérieur et intérieur, sont, en fait, un seul et même monde.

« Je ne savais pas encore (et ce fut une lente découverte jamais achevée) que notre vie intérieure est une *vie*, notre monde intérieur un *monde* en effet. Je commençais une expérience que seuls peut-être les sages font – les sages et les poètes. Mais, à moi, elle était imposée : je m'y voyais jeté d'un seul coup, à huit ans, ébloui. Une chance m'était donnée que je n'ai plus cessé de bénir et, en même temps, une responsabilité, un devoir que mon existence entière ne suffira sans doute pas à remplir. *Le monde extérieur existe, le monde intérieur existe.* Quels sont ceux qui savent concilier ces deux faits ? Les philosophes ici se battent et prennent le nom de celui des deux mondes qu'ils reconnaissent seul. Idéalistes, réalistes… Ne se trompent-ils pas tous quelque peu, puisque ces deux mondes existent ? Et cela n'est pas assez encore : ne sont-ils pas tous dans l'erreur absolue, puisque les deux mondes sont également réels, également sensibles, puisqu'ils sont faits des mêmes éléments, puisque, tout soleil éteint, la lumière du soleil continue de briller, puisque, tout objet chassé des yeux, les couleurs du monde vivent encore, puisque, enfin, les deux mondes sont également habités[1] ? »

1. *Ibid.*, p. 50.

Lusseyran dit qu'il a acquis *le sens des autres*, dont il perçoit « la personnalité, le courage ou la lâcheté, l'engagement ou la passivité, simplement à partir de l'intonation de la voix ou de la façon dont l'autre » lui serre la main. Mais aussi qu'il a développé la capacité de faire confiance à l'autre, dès lors qu'il le *sent* fiable. Une confiance en l'autre qui est, peut-être, la vraie force de la vulnérabilité. « Quand j'étais heureux et tranquille, quand j'allais vers les gens *avec confiance*, que je pensais du bien d'eux, j'étais payé en lumière. Rien d'étonnant si j'ai aimé si tôt l'amitié et l'harmonie[1]. »

Ce regard sur la limitation de son autonomie, à laquelle sont confrontés tant de porteurs d'un handicap ou de personnes tout simplement vieillissantes, mérite d'être mentionné : « Il est dans l'ordre des choses qu'un aveugle ne puisse jamais rien faire seul jusqu'au bout. Il vient toujours un moment dans ses jeux comme dans son travail, où il a besoin de la main, de l'épaule, des yeux ou de la voix d'un autre. C'est un fait. Mais est-ce pour lui mauvaise ou bonne fortune ? J'entends des aveugles dire que cette dépendance est leur plus grande misère, qu'elle fait d'eux des parents pauvres, des suiveurs. Il en est même qui regardent cette dépendance comme une punition supplémentaire – et naturellement injuste –, qui l'appellent une malédiction. Laissez-moi vous

1. *Ibid.*, p. 30.

dire qu'ils ont deux fois tort. Ils ont tort pour eux-mêmes, car ils se torturent sans cause. Ils ont tort devant la vie parce que ce sont eux qui font de cette dépendance un malheur[1]. »

Et la lumière fut se termine par cette phrase : « La joie ne vient pas du dehors. Elle est en nous quoi qu'il arrive. La lumière ne vient pas du dehors. Elle est en nous-même sans les yeux. »

*

L'autre non-voyant célèbre s'appelle Hugues de Montalembert. Ce sont des amis, Moiffak et Marie-Hélène Hassan qui m'ont parlé de lui. Et, forcément, un homme qui professe que « le bonheur, c'est la possibilité de faire venir les choses de l'intérieur de nous-même » me parle.

Cet artiste peintre et écrivain[2] a perdu complètement la vue à la suite d'une agression à l'acide, lors d'un cambriolage de son appartement à New York. Ce très bel homme, que l'on identifie tout de suite à ses lunettes d'acier dessinées par lui-même et qu'il appelle *son pare-chocs*, pour rien au monde ne

1. *Ibid.*

2. Hugues de Montalembert est notamment l'auteur de *La Lumière assassinée*, Paris, France Loisirs, 1983 ; *Invisible: A Memoir*, Londres, Atrial Books, 2010 ; *Regarder au-delà*, Paris, Anne Carrière, 2011.

porterait des lunettes en verre susceptibles de lui blesser les yeux. « Ça me protège de la pitié des autres, et me permet de garder mon intimité, car les cicatrices que je porte aux yeux sont très privées. »

Dans une interview donnée lors de la promotion de son dernier livre, Hugues de Montalembert explique d'emblée que son principal ennemi, lorsque ce drame est arrivé, fut la peur. « La peur d'être réduit à néant, dans un petit coin, juste effrayé et immobile. » C'est pourquoi il s'est entraîné très vite, pendant sa convalescence, à retrouver un peu d'autonomie et de liberté. Sa décision de partir en Indonésie, dès qu'il s'est senti prêt à le faire, a été déterminante. Dans ce pays qu'il connaissait, dont il parlait la langue et dont les habitants avaient un esprit « très positif », il savait que, s'il arrivait à réaliser ce projet, il « reviendrait définitivement à la vie ». Il a donc vécu ce voyage comme une renaissance. Hugues a ensuite parcouru le monde entier, enseigné la littérature française en Chine, navigué dans les mers d'Indonésie, partagé le quotidien des moines de l'Himalaya.

Que lui a appris sa cécité ? L'artiste-écrivain explique que s'il était très *visuel* autrefois, cette épreuve lui a permis aussi d'être plus à l'écoute des gens. Il a également découvert un autre rapport à la musique : « Je l'aimais, mais je n'étais pas *dans* la musique. J'ai développé une relation très intime avec elle, parce que j'étais seul avec elle, en communion, sans rien pour me distraire. J'ai donc découvert un autre monde. »

Quand on ne peut plus voir, on garde *la faculté de percevoir*, et c'est ce qu'on en fait qui est important. « Votre peau devient une plaque sensible, votre odorat, votre ouïe se développent. »

Manque-t-il quelque chose à Hugues de Montalembert ? Oui, ne pouvoir communiquer par le regard, avec sa mère très âgée et aphasique, ne pouvoir voir les yeux de la femme qu'il aime. « Ça, c'est irréparable. Vous ne pouvez plus *toucher le regard*. Je regarde les gens avec mes oreilles ! » Et d'en tirer un enseignement que je fais mien : « *Il faut apprendre à voir avec les yeux de l'âme. J'en suis venu à la conclusion que voir est une création.* »[1]

1. Ces différentes citations proviennent de ses interviews et interventions, notamment sur YouTube.

Remerciements

Je tiens à remercier d'abord toute *ma bande d'invisibles*, sans lesquels ce livre n'aurait pas vu le jour, en particulier Stéphane Hessel et François Mitterrand. Mais aussi tous ceux qui m'accompagnent depuis longtemps, qui m'ont promis de m'aider après leur mort, ceux qui veillent sur moi et me guident.

J'ai une sincère reconnaissance pour tous ceux qui m'ont fait confiance en partageant leur lien personnel avec l'invisible. J'ai conscience qu'ils m'ont livré une part de leur intimité et de leurs secrets. J'ai respecté l'anonymat de ceux qui me l'ont demandé. Tous ces témoignages ont permis de montrer le lien naturel et universel que beaucoup d'entre nous entretiennent avec le mystère.

Je remercie en particulier : Leili Anvar, Deborah Bacon, Christiane Botbol, Marie-Laure Colonna,

Frédéric Ferney, Jeanne de la Ferrière, Alix de Finance, Sylvain Groud, Philippe Gutton, Jean de Hennezel, Noël Imbert, Marguerite Kardos, Jocelyne Lauzon, Jérôme Lequime, Anne-Marie Ley, Johanne de Montigny, Yves Penay, Marcel Picard, Monique Rakotoanosy, Sevim Riedinger, Marie-Caroline Sey, Patrick Viveret.

Merci enfin à Susanna Lea qui a cru d'emblée à mon projet d'écriture sur ce sujet délicat, à Thierry Billard et Emmanuelle Hardouin pour leur accompagnement plein de compétence et de bienveillance.

Table

Prologue 11

1. Un piège à éviter 17
2. Nous sommes encadrés d'invisible 25
3. L'intuition comme guide 33
4. Le monde de l'enfance 45
5. Mystérieuses coïncidences 53
6. Troublantes prémonitions 67
7. Le rêve, ce guide invisible 75
8. Conversation sur l'invisible 91
9. Les lieux habités 97
10. La force invisible 109
11. Percevoir au-delà du visible 117
12. La grande ruche d'or de l'invisible 135
13. Créer de l'invisible 143
14. Le sentiment océanique 149

15. Une lumière au fond du trou 157
16. Voir l'invisible : la médiumnité 163
17. Notre bande d'invisibles 175
18. Le monde angélique 187
19. La communauté des ancêtres 203
20. Vivre avec nos morts 217
21. La question de la conscience 241
22. Aux frontières de la mort 247
23. La peur de l'invisible 257

Épilogue 269
Remerciements 277

Composition et mise en pages
par Facompo Lisieux

MIXTE
Papier issu de
sources responsables
FSC® C003309

L'éditeur de cet ouvrage s'engage dans une démarche
de certification FSC® qui contribue à la préservation
des forêts pour les générations futures.

Pour en savoir plus :
www.editis.com/engagement-rse/

Imprimé en France par CPI
en août 2022

Dépôt légal : septembre 2021
N° d'édition : 64636/10 – N° d'impression : 2066535